■ 王忠诚 著

著作权侵权成案研究

ZHU ZUO QUAN QIN QUAN CHENG AN YAN JIU

天津社会科学院出版社

图书在版编目（CIP）数据

著作权侵权成案研究 / 王忠诚著. -- 天津 ：天津社会科学院出版社，2017.11（2019.11 重印）
ISBN 978-7-5563-0419-6

Ⅰ.①著… Ⅱ.①王… Ⅲ.①著作权－侵权行为－研究－中国 Ⅳ.①D923.414

中国版本图书馆CIP数据核字(2017)第293161号

出版发行：天津社会科学院出版社
出 版 人：张博
地　　址：天津市南开区迎水道7号
邮　　编：300191
电话/传真：（022）23360165（总编室）
（022）23075303（发行科）
网　　址：www.tass-tj.org.cn
印　　刷：北京建宏印刷有限公司

开　　本：787×1092 毫米　1/16
印　　张：13.75
字　　数：170千字
版　　次：2017年11月第1版　2019年11月第2次印刷
定　　价：68.00元

目　　录

导论

一、研究背景与选题意义

从印刷版权到电子版权、网络版权，司法在版权保护中的重要性日益彰显。如今，发达国家对知识产权的保护主要是通过司法途径来实现。2008年，我国《国家知识产权战略纲要》明确提出“发挥司法保护知识产权的主导作用”，将其作为完善知识产权制度的一项重要内容纳入“战略重点”之中。2016年，《国家创新驱动发展战略纲要》再次明确指出，“充分发挥知识产权司法保护的主导作用”。新世纪以来，信息技术的显著进步与公众权利意识的日益提升等因素相互交织，新型著作权纠纷呈现爆炸式增长，司法如何发挥其保护的主导作用，有效回应社会关切，不仅对当事人具有现实意义，对国家也具有战略意义。美国语言学家、认知心理学家史蒂芬·平克提出，“语言是洞察人类天性之窗。人类语言能够入木三分地传达出人类发明创造背后所隐藏的一切，它并不需要借助方程式或者计算机模拟。”① 对于著作权领域的法律纷争而言，法院裁判文书作为书面语言就是洞察司法理性之窗。本书力图通过对裁判文书的解读，展开对司法权行使的理论研究和实证分析，助力著作权保护的司法理论与实践发展，推动著作权司法保护机制的完善。

（一）理论意义

发挥司法在著作权保护中的主导作用，需要深入研究该领域司法的制度设计和技术支撑，司法的实然状态与发展趋势，司法效果的影响因素等实践问题。清晰的司法权界，有利于法官司法时寻求正当的个案裁判的工具性价值，更在于发挥司法方法体系化的功能——总结司法共性、弘扬司法理性、约束司法恣意。因此，如何有效发挥司法在著作权保护中的主导作用，司法权界的研究不可或缺。相比刑法、传统民法领域，知识产权法领域司法权方面的研究有很大提升空间。现有的著作权保护领域的相关专著、论文基本侧重于介绍发达国家（尤其是美国）的判例、规则，倾向于对国外经验采取拿来主义态度，较少有学者系统研究著作权侵权裁判解释问题，现实中呈现学术界较少关注、司法界无暇提炼的现象。本文从司法过程的实证研究为切入点，对我国著作权侵权裁判进行系统整理、分析，力求较为全面阐述著作权侵权裁判解释，有助于理论界与实务界的良性互动。

① [美]史蒂芬·平克：《思想本质：语言是洞察人类天性之窗》，张旭红、梅德明译，浙江人民出版社 2015 年版，第 264 页。

（二）实践意义

知识产权法学在国际上大多是被放在“应用法学”的领域去研究的。任何应用法学学科，也均有自己的“基础理论”，否则便成了“实用主义”学科。但各国至今还没有过完全脱离应用去“钻研”所谓的知识产权“基础理论”而有可取之成果的①。的确，理论没有实践基础将是海市蜃楼，实践没有理论指引极易迷失方向，应用法学需要司法实践与理论创新的双向互动。20 世纪 90 年代以来，我国法院受理和审结了大量伴随新技术、新产业发展而来的著作权纠纷案件，法官运用民法、著作权法的法理、规则裁判案件，力求解决新技术发展带来的法律挑战，在定纷止争的同时，其中一些判决确立了裁判规则，树立了判决的社会导向。著作权侵权案件的日益增加，客观上要求法官司法能力不断提升。时至今日，法官早已摆脱了法律自动售货机的角色，司法过程难以用简单的三段论所能概括。抽象的法律规定需要借助法院司法得以具体明确，有时候，案件处理已经超出了个案影响，整个行业甚至全社会都在关注法院如何作为。本书着眼于著作权侵权案件裁判的实践运行，意在为法官审理案件提供系统性的分析路径，以期增进裁判规则的可理解性、裁判结果的可接受性，尝试构建沟通学者与法官的裁判方法之路。

---

① 郑成思：《知识产权法：新世纪初的若干研究重点》，法律出版社 2004 年版，第 193 页。

二、研究现状与研究期望

（一）国内研究动态

上世纪九十年代，《我的前半生》著作权纠纷案开启了学界与实务界关于著作权学理的探讨[①]。《广西广播电视报》社诉《广西煤矿工人报》社电视节目表使用权纠纷一案，曾引起了国内法学界的争议，学者从民法与著作权法关系、利益衡量等角度对该案进行了分析[②]。被誉为“网络传播权第一案”的王蒙等诉世纪互联通讯技术有限公司案，学者从著作权法的扩张解释、域外立法司法等方面评论案件[③]， 该案的承办法官则详细对原告方诉请、被告方答辩、法院判决做出了点评，有助于外界深入了解该案的审理思路，但叙述稍显简略，在论证为何作者享有网络传播权利方面法理性有欠缺[④]。

进入 21 世纪后，信息技术对中国的影响日渐深入，技术的进步对著作权保护提出了新的难题，知识产权学者对著作权侵权大多是以著作权法原理分析著作权领域出现的新情况，有学者即以《信息网络传播权保护条例》为研究对象，通过美国判例法资料的阐述，提出了著作权间接侵权理论分析框架[⑤]。有民法学

① 蒋志培：《当前审理著作权纠纷案件应注意的几个问题》，载《法律适用》1995 年第 1 期；冯晓青、廖永安：《合作作品法律认定初探》，载《政法论坛》1992 年第 1 期。众多作者从著作权公共领域、委托作品、合作作品、孤儿作品、著作权继承、作品独创性认定标准、法人作品与职务作品等角度开展研究。

② 郑成思：《从四起案例看中国版权执法》，载《知识产权研究》第 2 卷，中国方正出版社 1996 年版；孔祥俊：《电视节目预告表的著作权保护质疑》，载《河南省政法管理干部学院学报》1998 年第 3 期；梁慧星：《电视节目预告表的法律保护与利益衡量》，载《法学研究》1995 年第 2 期；孟勤国：《也论电视节目预告表的法律保护与利益衡量》，载《法学研究》1996 年第 2 期。

③ 张平：《网络环境下著作权法的作用——王蒙等六作家诉世纪互联一案的思考》，载《科技与法律》2000 年第 1 期；乔生：《信息网络传播权立法评价与完善》，载《中国法学》2004 年第 4 期。

④ 杨柏勇、杨才然：《互联网著作权纠纷案》，中国法制出版 2005 年版。

⑤ 王迁、王凌红：《知识产权间接侵权研究》，中国人民大学出版社 2008 年版。

者以《侵权责任法》第36条为分析样本，以民法解释论的方法，论述网络侵权责任的立法精神与法律适用[①]。也有学者以民法学理论为基础，结合相关判例，检视现行法律规定，对网络服务提供者的责任予以解读和分析[②]。

有学者对改革开放三十年来的众多著作权案件中筛选出十件作为经典案例，以案说法[③]；有学者基于个案，从理论与实践结合的角度对判决的法律适用进行剖析[④]；也有学者对某一类型的著作权侵权案件进行归纳，分析该类案件的法律适用得失[⑤]。有学者从法院判决的法律解释方法、司法权的功能对案件进行分析[⑥]。有学者在论文中梳理了法院司法对包括著作权在内的知识产权的扩张与限制，判决所运用的法律解释方法[⑦]。也有学者关注民法方法在知识产权中的应用，尝试传统民法方法与知识产权法保护的有机融合[⑧]。有学者从体系化的角度剖析了知识产权法，论述我国著作权制度的内部冲突[⑨]。青年学者基于司法实践编写教科书，展示国内外经典案例和前沿学术观点，提倡批判性思维方法的努

---

① 张新宝、任鸿雁：《互联网上的侵权责任：〈侵权责任法〉第36条解读》，载《中国人民大学学报》2010年第4期；杨立新：《〈侵权责任法〉规定的网络侵权责任的理解与解释》，载《国家检察官学院学报》2010年第4期。

② 吴汉东：《试论网络服务提供者的著作权侵权责任》，载《中国法学》2011年第2期。

③ 李顺德：《改革开放30年十大经典著作权案例分析》，载《科技与出版》2009年第3、4、5期。

④ 王迁：《论体育赛事现场直播画面的著作权保护——兼评“凤凰网赛事转播案”》，载《法律科学》2016年第1期，以及该学者近年来关于网路游戏直播、古籍点校、时事新闻、软件作品修改权、视频分享网站等相关案件的评论。李雨峰等：《涉〈千里走单骑〉影片中安顺地戏案的法律探讨》，载《人民司法》2012年第1期。

⑤ 马一德：《再现型摄影作品之著作权认定》，载《法学研究》2016年第4期；卢海君：《著作权法中不受保护的“时事新闻”》，载《政法论坛》2014年第6期。

⑥ 李琛：《简评“六作家诉世纪互联公司案”判决的解释技术》、《权利的限制与解释的限制--评〈受戒〉案中的司法解释技术》，载李琛：《知识产权片论》，中国方正出版社2004年版；肖志远：《扩张的著作权与能动的司法——对著作权法修改前的两件数据库判例的评析》，载《判解研究》2006年第1辑。

⑦ 梁志文：《法院发展知识产权法：判例、法律方法和正当性》，载《华东政法大学学报》2011年第3期。

⑧ 张农荣：《论保护知识产权的民法方法——以请求权体系为中心》，载《中国知识产权评论》（第16卷），商务印书馆2002年版。

⑨ 李琛：《论知识产权法的体系化》，北京大学出版2005年版。

力[①]；也有突破教科书体例，通过对国内著作权判决的综述，力求系统阐述法条的规范含义[②]。

比较法的研究方法在知识产权法研究领域尤其受到学者青睐，法官在裁判案件时也重视国外的法理、规则。有学者专文介绍、探讨发达国家网络版权司法保护的现状与趋势，在比较的基础上对我国立法、司法提供参考建议[③]。

目前出版的众多著作权案例书籍，多以介绍个案案情并分析其法律适用为主[④]。实务界，法官倾向于总结网络知识产权纠纷的发展和特点，分析纠纷产生的原因并提出相应的司法对策[⑤]，也有法官在知识产权法领域尝试法律思维的系统化[⑥]，多遵循“裁判要旨—案情—裁判—评析”的体例撰写，个案色彩较为浓厚。

国内有关著作权侵权的博士论文，多集中于论述著作权侵权的基础理论，文

① 崔国斌：《著作权法：原理与案例》，北京大学出版社 2014 年版；李雨峰：《中国著作权法：原理与材料》，华中科技大学出版社 2014 年版；梅术文：《著作权法：原理、规范和实例》，知识产权出版社 2014 年版。

② 何怀文：《中国著作权法：判例综述与规范解释》，北京大学出版社 2016 年版。

③ 王迁：《中欧网络版权保护比较研究》，法律出版社 2008 年版；吴伟光：《著作权法研究——国际条约、中国立法与司法实践》，清华大学出版社 2013 年版；李响：《美国版权法：原则、案例及材料》，中国政法大学出版社 2004 年版；王迁：《发达国家网络版权司法保护的现状与趋势》，载《法律适用》2009 年第 12 期；孙南申：《中美国际版权法律适用规则之分析》，载《武大国际法评论》第十三卷。

④ 程永顺：《著作权纠纷案件法官点评》，知识产权出版社 2004 年版；齐爱民等：《著作权法体系化判解研究》，武汉大学出版社 2008 年版；冯晓青：《著作权侵权专题判解与学理研究》（第 1 分册）、（第 2 分册 • 网络空间著作权），中国大百科全书出版社 2010 年版；奚晓明、孔祥俊：《法官评述 100 个影响中国的知识产权经典案例》，知识产权出版社 2010 年版。

⑤ 蒋志培：《网络知识产权司法保护与研究动向》，载《北京邮电大学学报（社会科学版）》2010 年第 1 期；浙江省高级人民法院课题组：《关于网络著作权侵权纠纷案件法律适用的调研》，载《法律适用》2009 年第 12 期；沈志先：《知识产权审判精要》，法律出版社 2010 年版；北京市高级人民法院知识产权庭：《知识产权经典判例》，知识产权出版社 2008 年版；祝建军：《知识产权疑难案件裁判思维》，法律出版社 2015 年版；宿迟等：《网络知识产权保护热点疑难问题解析》，中国法制出版社 2016 年版。

⑥ 孔祥俊：《网络著作权保护法律理念与裁判方法》，中国法制出版社 2015 年版；石必胜：《数字网络知识产权司法保护》，知识产权出版社 2016 年版；沈杨：《规则之治憧憬的破灭与再生——论知识产权审判的造法困惑及其消解》，载《法律适用》2007 年第 1 期；罗胜华：《侵害知识产权行为的过滤判定》，载《法律适用》2011 年第 11 期。

中所列判决主要是为论述理论而进行补充阐述，基本是从完善立法角度立论[①]。也有的博士论文，论述某一类型的作品著作权时[②]，探讨公共领域、技术发展等问题时，附带提及该作品的侵权问题[③]。

综合所搜集到的研究资料，有关版权侵权认定的研究多集中在针对某一类型纠纷（如关于网络链接、字体字库、聚合平台等著作权侵权纠纷）、某一个案（如张承志诉世纪互联通讯技术有限公司侵犯著作权纠纷案等影响性诉讼），系统性研究著作权侵权裁判解释的论著较为少见。

（二）国外研究动态

大陆法系著作权司法更多地受到立法的影响，学者著述以阐述立法为主，类型纠纷、个案分析为辅[④]。在信息技术领先的美国，新型版权纠纷伴随新技术而来。美国联邦最高法院在上世纪八十年代索尼案中确立的"实质性非侵权用途"规则，九十年代 Feist 案中确立的"一定程度的创造性"判断标准，是国内学界研究著作权时的必谈之点。本世纪以来美国发生的 Napster 案、Grokster 案等产生重大影响的案件，美国学者对此做了详尽的分析，包括应用法律经济

① 孟祥娟：《版权侵权认定与法律救济》，中国社会科学院研究生院 2000 年博士论文；何悦：《网络著作权侵权责任研究》，吉林大学 2009 年博士论文；徐俊：《版权侵权判定——以独创性表达的保护为中心》，复旦大学 2011 年博士论文；徐瑞鸿：《我国网络环境下著作权之民法保护及其限制——以利益平衡为视角》，中国政法大学 2007 年博士论文。

② 何炼红：《工业版权研究》，西南政法大学 2007 年博士论文；刘非非：《电影产业版权制度比较研究》，武汉大学 2010 年博士论文，董皓：《多元视角下的著作权法公共领域问题研究》，中国政法大学 2008 年博士论文；张春艳：《视听作品著作权研究——以参与利益分配的主体为视角》，西南政法大学 2014 年博士论文。

③ 李祖明：《互联网上的版权保护与限制》，中国社会科学院研究生院 2002 年博士论文；黄汇：《版权法上的公共领域研究》，西南政法大学 2009 年博士论文；易健雄：《技术发展与版权扩张》，西南政法大学 2008 年博士论文；姜福晓：《数字网络技术背景下著作权法的困境与出路》，对外经济贸易大学 2014 年博士论文。

④ [德]雷炳德：《著作权法》，张恩民译，法律出版社 2004 年版；[日]中山信弘：《多媒体与著作权》，张玉瑞译，专利文献出版社 1997 年版；[日]田村善之：《日本知识产权法（第四版）》，周超、李雨峰、李希同译，知识产权出版社 2011 年版。

学等分析工具[①]。基于判例法的法律传统，英美法系国家学者研究基本是以个案或类案的判例为研究范本[②]，较少有著作权侵权认定的裁判解释的体系化论述。

三、研究内容与研究方法

本书以著作权侵权成案为研究对象，尝试在对该领域裁判进行全景式的梳理、分析，将著作权司法的理论探索与实践的实证分析相结合，从事实与法律认知、裁判依据、裁判解释论证、裁判解释功能等方面探求著作权侵权领域司法权的实然与应然，寻求理性、科学、实用的司法权界，意在探寻审理著作权侵权纠纷案件的思维框架和分析工具。

（一）基本思路与研究框架

裁判解释是审理案件的法官针对具体案件事实，依据法律所作出的有法律效力的解释。解释的结果形成了案件的判决，解释包含在判决之中[③]。本文以著作权侵权案件的裁判解释为研究对象，以判决正文中的事实、理由、裁判依据、裁判主文为分析重点建构论述框架，力求见微知著，对著作权侵权案件的裁判进行系统化提炼。本书按照“总—分—总”的论证模式，具体如下：第一章为总论性论述，依时间顺序，划分著作权侵权纠纷裁判的阶段并总结特点。第二

---

① [美]威廉·M．兰德斯、理查德·A．波斯纳：《知识产权法的经济结构》（中译本第二版），金海军译，北京大学出版社 2016 年版；[美]罗伯特·P·墨杰斯等：《新技术时代的知识产权法》，齐筠等译，中国政法大学出版社 2003 年版.

② 如，Raymond Shih Ray Ku，“The Creative Destruction of Copyright：Napster and the New Economics of Digital Technology”，69 Chicago Law Review263（winter，2002）；William M. Landes and Douglas Lichtman，“Indirect Liability for Copyright Infringement：Napster and Beyond ”，Journal of Economic Perspectives 113（Spring，2003））；Ruth L. Okediji' “Though The Years：The Supreme Court and The Copyright Clause”，WILLIAM MITCHELL LAW REVIEW Vol. 30：5 30 Wm.

③ 参见梁慧星：《裁判的方法》（第 2 版），法律出版社 2012 年版，第 91-95 页。

至五章为“分论”，对著作权侵权司法的向度予以深层分析，结合典型案例，阐述审理此类案件的裁判思维，考察著作权法的内在逻辑在司法实践中如何得以实现。第六章为“结论”，旨在为我国未来著作权司法予以展望。

（二）研究方法

1.实地调查方法

理论来源于实践且服务于实践，对于司法来说尤其如此。司法理论必须根植于司法实践之中。目前，全国各地审理著作权侵权纠纷案件的标准与尺度有所不同，深层次原因是司法权界游移所导致。笔者通过与案件主审法官的交流，收集各地法院相关调研报告以及规范性意见，拥有了真实的第一手资料，使本书具有现实意义。

2.比较研究方法

论文重视比较法的运用，将国外有影响的版权（著作权）司法案例纳入研究范围，与我国相关案例进行横向对比，探讨不同立法、司法制度下相同、类似案件的处理之策，考察利弊得失，为我国著作权司法提出优化建议。

3.文献探讨方法

本文主要以我国理论界、实务界关于著作权侵权的专著、论文、立法资料、司法解释理解与适用、调研报告，以及我国学者翻译的外国经典知识产权专著作为文献探讨资料，同时借助 HeinOnline、Westlaw 数据库中法律资源，结合美国、英国等国家关于版权侵权的论文、案例，进行系统归纳、分析与运用。

4.案例分析方法

司法的具体成果体现在个案之中，案例是展示司法理性和裁判方法的载体，剖析案例是法学的一种基本研究方法。本文注重对著作权侵权纠纷的成案研究，写作中案例分析秉持个案与类案相结合的进路，立足我国的司法实践，从最高人民法院指导性案例和《最高人民法院公报》《人民法院案例选》《知识产权审判指导》《审判案例要览》、中国裁判文书网、北大法宝案例数据库中刊登的案例，以及学者、法官编著的案例书籍为样本，结合国外案例，发现知名案例中的另类闪光规则，挖掘非知名案例中的隐含外部效应，参透案例中显现的理论与实践价值。

第一章　诉讼成案的回顾与展望

伴随清末修律， 1910 年，《大清著作权律》颁布，著作权法律作为一部专门法律登上中华民族历史舞台。新中国成立后，1986 年的《中华人民共和国民法通则》[①]在第 94 条，用 27 个字对著作权进行了原则性规定。1990 年，《著作权法》颁布。经历了 2001 年、2010 年两次修改，《著作权法》法律条文增加到了 61 条，在我国建立了较为系统的著作权法律制度。立法的日臻完备为司法开启了更为广阔的舞台。相较大陆法系“立法支配适用”[②]的司法路径，我国著作权侵权纠纷案件中司法裁判既显示了普遍性的一面，更展示了特殊性的另一面。

① 为行文简洁，下文中提及的中华人民共和国法律和行政法规一律使用简称。

② 参见[日]大木雅夫：《比较法》，范愉译，法律出版社 1999 年版，第 254-256 页关于法典的论述。

第一节 案件裁判的历史回顾

1984年4月，因电影《十六号病房》编剧署名之争，姜思慎以侵犯著作权之诉，将小说《遗忘在病床上的日记》作者乔雪竹告上了法庭。该案被称为我国首例著作权纠纷案①。

三十年后，我国法院受理的著作权纠纷数量从无到有，案件量激增，争议领域也从传统的文字作品扩展到文学、艺术、科学等各个领域，从现实空间延伸到虚拟空间，司法权的介入与影响在日益深化，从中不仅可以感知著作权民事司法的法律依据的变迁，还可以看到裁判方法的嬗变。

一、无法可司时的事实为王

《十六号病房》编剧署名纠纷，对当时的法院来说是个疑难案件。对于公民个人之间的署名纠纷，查遍当年的法律规定，只有1982年宪法第四十七条可能与之相关：公民有进行科学研究、文学艺术创作和其他文化活动的自由。宪法关于公民基本权利的原则性规定对纠纷解决是指引路标，也仅限于此。法官可以说是在立法白地司法。合议庭法官实地调查取证，组织专家对原著小说《遗忘在病床上的日记》及由乔雪竹执笔的电影文学剧本第一稿、由姜思慎执笔的第二稿、乔雪竹执笔的第三稿以及长春电影制片厂完成本《十六号病房》剧本

① 丁国锋：《24 年前全国首例著作权纠纷案调解结案开创历史 当事人详述我国知识产权审判标志性大案幕后艰辛历程》，载《法制日报/》2008 年 11 月 9 日第 008 版。

共 5 个本子进行了对比。大量证据证明他们有着合作的具体行动，虽然是口头协议，但对合作作品的性质，法官的认识十分一致。经过法庭协商调解，双方达成调解协议，确定了合作关系，两人共有著作权。没有实体法可以依照的情形下，法院依照法律精神，就合作作品案件的审理所确定的裁判尺度以及积累的宝贵经验，对之后类似案件的审理以及《著作权法》立法工作具有重要的推动作用①。

经验阙如、规则缺乏并没有阻碍纠纷的实质性解决，通过对事实的查证，法官树立了对事实的内心确信，以事实为突破口，以调解方式促成了双方矛盾的化解和继续合作，"事实＋调解"的司法路径开启了中国著作权侵权司法篇章。司法先行昭示了中国著作权司法的一个特质，先锋个案很多时候有力地助推立法。

二、有法可依时的以法之名

1.以"有关规定"保护权益

实际上，在 1990 年《著作权法》颁布之前，中华人民共和国就开始保护著作权了。1978 年以来，著作权就成为讨论和争议的主题，虽然是以个人对作者身份及相关利益的要求形式表现出来的。紧接着 1979 年中美贸易协定（Sino-US Trade Agreement），在 1980 年 2 月 1 日，国家出版局就向全国各出版和文化单位发文，传达了贸易协定的第 6 条。该条承诺，在互惠条件下，依中国法律"并适当考虑国际做法"，对美国作品的著作权进行保护。但是，为了避免时机未成

① 参见前注丁国锋文；以及张羽馨：《全省知识产权 30 年司法保护经典案例》，载《江苏法制报》2008 年 11 月 6 日第 D01 版。

熟就给外国作品以互惠保护，中华人民共和国的第一个著作权制度是依一份内部文件创立的。此即文化部在1984年6月15日发布的《图书期刊版权保护试行条例》，1985年1月1日生效。虽然是保密的，但该条例显然在行政执法和审判实践中被广泛适用。它经常出现在当时一些著名的著作权案例的公开讨论中。1987年，国家版权局发布了一个通知，重申该条例仍然是内部文件，“不允许发表，不允许披露给外国人”。通知进一步规定，媒体在报道著作权事件时，应将该条例称为“国家有关规定”①。

在1986年以前，原北京市中级法院民庭，就已经审理涉及作家孔厥的《新儿女英雄传》一书确权和稿酬分割的案件②。在这一时期，内部文件成为著作权司法的法律渊源。虽然法院有了裁判案件的依据，但是当事人事前并不知晓文件内容，不能对自己行为事先有合理的预期，司法只是个案事后调整，预防和行为指引功能不足，存在明显的局限性。

2.以“法有明文”涵盖保护

1986年，《民法通则》颁布，其中第94条规定，公民、法人享有著作权（版权），依法有署名、发表、出版、获得报酬等权利；第118条规定，公民、法人的著作权（版权）、专利权、商标专用权、发现权、发明权和其他科技成果权受到剽窃、篡改、假冒等侵害的，有权要求停止侵害，消除影响，赔偿损失。虽然只有两个条文，却使得著作权司法有了明确的法律依据。1986年以后，北京

① 冯象：《功亏一篑——评郑成思英文近著〈中国知识产权的实施：主要案例与评论〉》，彭冰译，载《北大法律评论》第1卷第1辑，第213页。

② 王范武：《北京法院16年著作权司法审判工作回顾——纪念〈著作权法〉实施十周年》，载《首都经济杂志》2001年10月刊，第50页。

法院受理鲁迅先生的亲属诉某文学出版社稿酬纠纷案，假冒范曾署名的假画侵权案，李勤诉丁洁合作作品署名及稿酬纠纷案[①]，名人、名著著作权纠纷成为一道风景线。

1990 年《著作权法》的颁布，权利归属、权利内容、权利限制、法律责任等众多规定使得著作权司法有了体系化的指引，著作权司法从受理到判决全程找法有了明确的目标。《著作权法实施条例》的颁布进一步充实了司法的法律武库。法律的颁行唤醒了公众著作权权利意识，著作权纠纷案件日益增多，既有与法律明确规定明显适配的案件，也有与法律明确规定关联不明的案件，《我的前半生》著作权纠纷案即是著例。该案历经十年，从地方法院到最高人民法院均参与其中，国家版权局也出具意见，最终法院以作品署名、作者意志、作品责任等作出判决，法律规定成为判决依据。

王蒙等六作家诉世纪互联公司侵犯著作权纠纷案，提出了“作品数字化”的司法应对问题，二审法院上诉人以未征得著作权人许可使用，又无法定免责理由，判定世纪互联公司在其网站上使用著作权人作品为侵权，将立法时没有考虑到的情形纳入法律调整范围之内，“以法之名”进行判决。这一案件开启了网络时代著作权司法之门，可视为我国前网络时代著作权司法的终结。

三、有据可判时的折冲平衡

2001 年《著作权法》修改，实现“在不改变其基本框架的前提下，将实施

① 王范武：《北京法院 16 年著作权司法审判工作回顾——纪念〈著作权法〉实施十周年》，载《首都经济杂志》2001 年 10 月刊，第 50 页。

国际著作权条约的规定有关条款统一到著作权法中”。[①]有学者评价为“修改九大内容 中国牵手世界”[②]。客体的增加，权利的整合，保护的强化，对著作权司法是实质性利好。有了立法的明确支撑，司法名真言顺的面对世界、面对网络。

2010年《著作权法》进行了两处修改，主要目的是对第4条内容进行调整，使其符合WTO相关生效裁决的强制要求。法律的修改较为科学地划清了《著作权法》与《出版法》的分野，法院对违禁作品的著作权纠纷处理可以相对从容、有理有据[③]。

2005年被称为中国“互联网元年”，十年来，信息技术突飞猛进，商业模式日新月异，法律法规立改频繁，技术、商业、法律交织下的著作权侵权纠纷层出不穷，尤其是网络著作权侵权纠纷异彩纷呈。P2P软件传播侵权作品、深度链接、网络直播、字体纠纷，案件的示范意义成为相关行业投资的风向标[④]，案件不仅牵涉个案当事人，很多时候当事人是特定团体、行业、产业的代表，案件的溢出效应不容小觑。利益平衡成为著作权司法的关键词，见诸于最高人民法院的司法解释、工作报告、会议纪要、领导讲话，成为各级法院在裁判时必须考量的因素。

2015年，发生了分别被媒体称为“中国体育赛事转播著作权第一案”的

---

① 沈仁干：《纵论著作权法的成功修改》，载《中国知识产权报》2001年11月16日第003版。

② 参见唐广良：《著作权法修改面向WTO》，载《法制日报》2001年11月19日第005版。

③ 参见从立先：《违禁作品著作权问题辨析—兼评我国《著作权法》第4条的修改》，载《法学》2011年第2期，第97页。

④ 2010年底，北京海淀法院在北大方正电子有限公司诉广州宝洁有限公司侵犯倩体字著作权一案中判定字库字体单字不具有著作权，字库字体产业一片悲观。此后不久，南京中院在非常近似的案例中作出了字库字体中具有独创性的单字可以构成美术作品的认定。南京中院的判决被认为是把字库字体产业从悬崖边上“拽”了回来。参见祝文明：《单字著作权再获肯定——字库字体产业有望迎来“春天”》，载《中国知识产权报》2013年5月22日第011版。

“新浪网诉凤凰网体育赛事转播案”和“中国网络游戏直播第一案”的“耀宇诉斗鱼 DOTA2 网络游戏直播案”。网络实时转播的法律规制问题受到了更广泛的关注。从司法实践的情况来看，对于他人未经许可实施的网络实时转播行为，寻求著作权保护是多数视听节目权利人的首要选择[①]。对于侵犯著作权人何种权利及如何救济，裁判不仅涉及到《著作权法》的内部体系协调，也关系到《著作权法》与《反不正当竞争法》的外部和谐共处。

第二节 纠纷处理的未来展望

在论述法官面临的挑战时，兼具法官与法学家两种身份的波斯纳把版权列为受外在复杂性影响的法律领域，从其列举来看，影响版权的外在于法院体系的复杂性来源主要为：经济损害的估测、外国习俗和环境、司法心理学、陪审团心理学、在线服务、心理学、社会学、软件工程、统计学、电信[②]。就我国著作权侵权司法而言，法官面临的既有上述外在复杂性影响，也有绩效考核等内在影响因素。三十年间，我国著作权侵权纠纷司法涵盖范围实现了从文学著作权领域到网络著作权领域的快速前进，公众、当事人、法官对著作权的认识经由个案而深化。如何通过对案件的精准裁判，实现创作、传播、使用的动态平衡，是著作权司法永恒的主题。为达此目标，著作权侵权纠纷司法需要回应以下时代命题：

---

① 苏志甫：《从著作权法适用的角度谈对网络实时转播行为的规制》，载《知识产权》2016年第8期，第29-30页。
② 参见[美]理查德·波斯纳：《波斯纳法官司法反思录》，苏力译，北京大学出版社2014年版，第17-19页。

一、回应正当性追问

相比其他司法领域，著作权司法中除了当事人基于利害关系而发出的对裁判正当性的疑问，更有学界、公众对著作权制度的系统或局部怀疑、抵制，司法的正当性证明任务更加艰巨。《我的前半生》著作权纠纷案即是著例。该案历经十年，从地方法院到最高人民法院均参与其中，国家版权局也出具意见，最终法院以作品署名、作者意志、作品责任等作为裁判理由判决。案件审结后，有学者提出了疑问，一个作家，辛辛苦苦写了，就因为署名，失去了作者身份？[①]在王蒙等六作家诉世纪互联公司案中，被告在上诉意见中对一审判决的扩大解释提出质疑，认为其过分支持权利扩张，过重加大网络传播者法律责任[②]。针对小说《受戒》改编权纠纷的判决，有学者认为判决回避了解释技术与立法技术的矛盾，拍摄电影在电影学院课堂教学中的必要性存在疑问[③]。

二、迎接技术发展挑战

著作权从一开始就是技术之子[④]。技术对著作权法的影响广泛而深远，新技术的出现，可以拓宽作品利用渠道，增加著作权人获取收益的机会，同时，也加剧了作品被未经授权即传播的风险，著作权人的损害可能呈几何式增长。著作权法可谓是成也技术，危也技术。现代迅猛发展的技术迫使著作权法修改以

① 江平、沈仁干等：《中华人民共和国著作权法讲析》，中国国际广播出版社 1991 年版，第 101 页。
② 参见杨柏勇、杨才然：《互联网著作权纠纷案》，中国法制出版 2005 年版，第 88 页。
③ 参见李琛：《知识产权片论》，中国方正出版社 2004 年版，第 189-190 页。
④ [美]保罗·戈斯汀：《著作权之道：从古登堡到数字点播机》，金海军译，北京大学出版社 2008 年版，第 22 页。

应对技术的双刃剑，但立法的博弈过程与时间成本，将技术的压力现实挪移至司法领域。法官在感慨法律的脚步追不上技术的翅膀[①]的同时，必须在“法无明文规定”时做出艰难抉择，通过裁判舒缓技术与立法之间的张力。从王蒙等六作家诉世纪互联公司案引出的作品数字化问题，到众多唱片公司诉百度等网络服务经营者系列案牵出的技术中立原则，到腾讯诉易联伟达案重申的服务器标准，可以发现技术飞速前进，司法裁判谨慎前行。“知识产权的保护，将永远存有大块的灰色模糊地带”[②]，司法所能做到的，就是渐进澄清新技术条件的法律关系，明晰新情况下的当事人行为规则。

三、消除司法造法质疑

知识产品的无形性特征客观上造成了其边界的模糊性，为避免社会公众动辄得咎，有学者主张知识产权法定主义[③]，立法者独享知识产权的创设权。在中国著作权立法不断修改完善的进程中，法院在法律不明确、冲突之时的司法作业招致了学者的异议。《受戒》案中法院通过扩张解释而判定北京电影学院行为属合理使用，被学者批评为：“被告从诉讼中获得了合理使用权”[④]。而司法裁

① 温旭：《法律的车轮总比科技的车轮慢半拍　简评王蒙等六作家诉北京某网站著作权侵权案》，载《科技与法律》2000 年第 1 期。
② [美]约翰・冈茨、杰克・罗切斯特：《数字时代，盗版无罪？》，周晓琪译，法律出版社 2008 年版，第 184 页。
③ 知识产权的种类、权利的内容以及诸如获得权利的要件、保护期限等关键内容必须由法律统一确定，除立法者在法律中特别授权外，任何人不得在法律之外创设知识产权。参见郑胜利：《论知识产权法定主义》，载《北大知识产权评论》第 2 卷，法律出版社 2004 年版，第 57 页。
④ 李琛：《知识产权片论》，中国方正出版社 2004 年版，第 192 页。

判中，扩充保护客体范围，保护没有原创性的“作品”[①]；认定演员享有“首唱权”，并适用侵权责任予以保护[②]，引起学者明确反对。如何通过司法的裁判减少当事人、学界的造法质疑，考验法院的司法能力。

四、消解法律移植症结

中国现行的著作权法律，既有大陆法系作者权的深刻烙印，也有英美法系版权的镜像反射。将基于不同学说和法哲学之上的两种制度融入一部法律，既要消除明显抵触，又要防止隐含冲突[③]。立法的兼收并蓄，可能导致司法左支右绌。如严会生诉中国唱片总公司案中所摆在法官面前的难题：署名权能否转让？正如评论所说，著作人格权的专属性，在我国《著作权法》中并没有一以贯之。即使法律禁止转让著作人格权，也未必能导出“当事人不能约定委托作品著作人格权归属”的结论。因此，无论法官认为“委托作品的著作人格权归属”可以约定还是不可约定，都无法从逻辑上进行评判。这种尴尬归根到底是立法的体系冲突造成的[④]。

五、调整利益关系平衡

随着文化产业的蓬勃发展，著作权司法已超越传统的文化意义，日益凸显

① 有学者指出，“博采众长”造成了条文之间的逻辑矛盾；直接照搬国际条约使得立法过时或过于粗糙；在缺乏深入研究的情况下，改动了国际通行的规则，导致立法目的无法实现。参见崔国斌：《知识产权法官造法批判》，载《中国法学》2006 年第 1 期，第 147 页。

② 参见李琛：《论“第一案现象”》，载《电子知识产权》2004 年第 9 期，第 61 页。

③ 王迁：《著作权法借鉴国际条约与国外立法：问题与对策》，载《中国法学》2011 年第 3 期，第 28-38 页。

④ 李琛：《论知识产权法的体系化》，北京大学出版社 2005 年版，第 32 页。

其经济意义。本世纪以来，音著协起诉卡拉 OK 歌厅、作家起诉百度文库、歌曲词曲作者起诉 P2P 平台提供者、影视作品著作权人起诉视频网站、网络内容提供者诉网络聚合类平台，层出不穷的新型著作权纠纷，喧嚣的诉讼表象之下，是新的利益格局尚未形成前各方通过法庭进行的博弈，地点从市场转移到法庭。有学者称 2005 年以来的中国网络版权十年是“产业与制度相生相克的十年”[①]。著作权侵权纠纷司法面临如何在产业与政策相生相克中以本国法妥善处置本土化纠纷，司法立场是谨慎克制还是适度扩张，值得深思。

在 2010 年《著作权法》第二次修订后，司法界有的观点认为，1998 年美国颁布了千禧年版权法（DMCA），应对了网络对著作权保护的挑战。该法案颁布两年多，中国也有了自己的“DMCA”，而在中国 DMCA 公布实施前后中国法院已经审判了上百件的网络著作权纠纷案件。2000 年 12 月最高人民法院公布了《关于审理涉及计算机网络著作权纠纷案件适用法律若干问题的解释》，这一司法解释被一些专家特别是国际专家称之为与美国 DMCA 相媲美的一个法律机制。正是这个机制因应了中国网络事业的飞速发展，不同程度地规范和促进了我国网络信息事业有序发展的法制环境的形成。目前我国对于著作权和网络传播权的法律保护已经相对全面，最高人民法院对著作权法的司法解释也清楚明晰。目前的著作权法是大势所趋，符合国家潮流和中国国情，并且通过多年的立法和司法实践，证明其运转机制是有效的[②]。《著作权法》第三次修改工

① 熊琦：《网络版权保护十年：产业与制度的相生相克》，载《电子知识产权》2016 年第 10 期，第 25 页。
② 蒋志培：《不要老让法律吃药——关于完善网络传播权的几点思考》，载《传媒》2010 年第 8 期，第 13-15 页。

作的启动说明我国的著作权司法任重而道远。

回溯历史进程，可以看出，我国著作权领域的立法与司法的影响是相互的，不是仅有立法指引司法的单向度进路。司法先行昭示了中国著作权司法的一个特质，很多时候先锋个案有力助推了立法进程[①]。我国著作权侵权纠纷的司法，经历了从无法可司时的事实为王，到以“国家有关规定”予以实质性保护，演进至以法律规定予以明文保护，有据可判时的折冲平衡，规则的增加充实了裁判依据，也给予了法官发挥的裁判空间。判决论证从三段论的简单推演，到合法性、合理性的深层论述，从可司法性向可接受性迈进。裁判结论从回溯性审视，到审慎考虑裁判结果的外部性，法官目光不仅在事实与规范之间往返顾盼，更在过去、现在与未来的时间轴中不断穿梭。如何通过司法，回答对裁判结论的正当性追问，回应技术进步带来的新问题，澄清造法质疑，厘清利害关系，使著作权司法更有包容性、开放性，不仅是摆在司法者面前的一道难题，该难题的解决有赖于立法者、司法者、学界的共同努力。

① 客观而言，有影响力的个案对立法的影响，不惟著作权领域，中外皆是如此。兼具法官与学者两种身份的波斯纳提出，法律是不断流变的，这个流变是以“有意思”的案件为标志的，甚或就是由这些有意思的案件造就的。参见[美]理查德·波斯纳:《各行其是：法学与司法》，苏力、邱遥堃译，中国政法大学出版社2017年版，第133页。

第二章　事实认定的现实考察

基于时间的不可逆性，纠纷发生后，摆在法官面前的案件事实只能通过当事人举证和法院查证进行还原，从过去的证据材料中成功发掘事实真相是裁判的基石[①]。事实的发现是裁判征程的第一步。事实不是自动呈现于法庭之上，“确定事实是一个充满着可能出现许许多多错误的困难过程”[②]。有法官曾提出，“像历史学家一样发掘事实”[③]。在著作权侵权纠纷中，法官目光需要在事实与规范之间顾盼往返，将法律的抽象性规定与个案的具体性事实有机衔接，准确识别事实与规范之间的关联，从而实现事实与规范的妥当对应。

① 有学者曾指出，形象地说，实践当中如果有一千个事实问题，那么真正的法律问题还不到事实问题的千分之一。参见[德]魏德士：《法理学》，丁小春、吴越译，法律出版社 2003 年版，第 298 页。基于本文裁判解释的主题，本章主要关注事实与规范的关联问题。

② [美]罗斯科·庞德：《通过法律的社会控制》，沈宗灵译，商务印书馆 1984 年版，第 26 页。

③ 李俊晔：《思维导图：法官何以发掘事实——事实认知从“经验的逻辑”向“逻辑的经验”转型》，载贺荣主编：《深化司法改革与行政审判实践研究：全国法院第 28 届学术讨论会获奖论文集》，法律出版社 2017 年版，第 1028 页。

第一节 案件事实的认定还原

著作权侵权纠纷发生后，法官通过对证据进行识别，尽力还原客观事实，尽量缩小法院认定的案件事实与客观事实之间的差距，从而为后续裁判奠定坚实的事实基础。在事实还原过程中，需要法官在认识上以客观性、相关性为重点，发掘影响案件裁判走向的证据材料[①]。

一、必要事实的无意失察

必要事实，是对达成判决结论有必要的基础事实[②]。在《葫芦兄弟》连环画著作权侵权纠纷案中，2007年胡进庆、姚忠礼、吴云初起诉新蕾出版社等侵犯著作权，一审法院认为，本案原告提供的合法出版物《金刚葫芦妹》连环画署名编文为墨犊、小星，中国电影出版社已证明墨犊、小星分别是原告胡进庆、姚忠礼的笔名，因此，在被告未能提供相反证据证明的情况下，应当认定原告胡进庆、姚忠礼对《金刚葫芦妹》连环画文字作品包括作品名称享有著作权，并受法律保护[③]。

该案中一审、二审法院对原告方提供的出版图书，与出版社证明相结合，

① 最高人民法院原审判长蔡小雪法官在审理案件时感觉，法官要“查明桌面上的事实与隐藏在桌下的事实”。参见蔡小雪：《审判业务专家是怎样炼成的》，法律出版社2017年版，第78页。

② 案件事实可以划分为必要事实、非必要事实与假设事实，参见潘维大、刘文琦编著：《英美法导论》，法律出版社2002年版，第58页。

③ 参见上海市第一中级人民法院（2007）沪一中民五知初字第190号民事判决、上海市高级人民法院（2008）沪高民三知终字第42号民事判决。

加之四被告对原告的证据真实性基本不持异议，可以说形成了完整的证据链，足以证明原告方对涉案作品享有著作权，判决被告承担责任似乎顺理成章，但是法院忽视了原告方权利基础的历史查询与审视，致使与后来的相关判决结论截然相反[①]。该案给我们的启示是，对涉及权利义务关系成立的案件必要事实，法官审理时不能简单的按照呈送给法院的证据材料为依据，需要遵循历史分析法对权利来源、形成进行细致分析，特别是牵涉历史因素的案件。

央视国际与世纪龙公司关于网络传播奥运火炬珠峰传递节目纠纷案中，被告通过其网站直播涉案节目，并且该节目在被告网站可以回放。一审判决认为被告侵犯的是信息网络传播权[②]。判决中法院已经查明，被告在网站上既从事了网络直播，也有网络回放行为，裁判结论部分应将被告行为以两个独立事实进行区分，得出法律评价。事实层面上，回放无法代表、涵盖直播，法律层面上，二者不能合二为一，以回放行为这一事实定性代表直播行为的事实定性[③]。

二、客观事实的认知偏差

在广东中凯文化发展有限公司以电影《恋爱高手》信息网络传播权为由起诉的系列案件中，原告提供证据涉案作品复制件为光盘，在盘封上载明的片名

---

① 胡进庆、吴云初与上海美术电影制片厂著作权权属纠纷案，法院综合考虑了作品创作之时的特定历史条件和规章制度以及当事人的具体行为及其真实意思表示等各个层面，认定由单位职工创作的动画角色造型属于“特殊职务作品”，单位享有除署名权之外的著作权。参见上海市第二中级人民法院（2011）沪二中民五知终字第 62 号民事判决。

② 参见广东省广州市中级人民法院（2008）穗中法民三初字第 352 号民事判决。

③ 有法官评论，法院笼统地认定侵犯原告享有的信息网络传播权，实际上将网络实时传播行为与提供节目回放行为等量齐观了。参见李自柱：《网络实时传播行为的法律适用》，载《电子知识产权》2014 年第 10 期，第 92 页。

为《狐狸精 PK 采花贼》，又名《恋爱法则》，“北京东方影音公司出版”等字样，盘芯载明的片名为《吸性大法》，在盘芯码处刻有“恋爱法则”字样。有一审判决指出，原告提供的音像出版物，从盘封到盘芯出现了三个不同的电影名称，且均不是原告主张保护的《恋爱高手》，从形式上看，违反了我国的《音像制品进口管理办法》的相关规定，无法确定该出版物的合法性[①]。

该案中，法院过于关注涉案作品的形式问题，致使在认定作品时偏离客观事实。一个作品，尤其是外国电影在中国拥有不同的名称较为常见[②]，当原告主张的作品“一影多名”时，法院需要及时行使释明权，督促原告明确涉案作品的准确信息，同时结合作品的内容，准确确定涉案作品。《音像制品进口管理办法》中关于中文名称的规定，是基于行政管理性质的规定，即使原告方的涉案作品违反了相关规定，产生的也是行政处罚责任[③]，不会达到“无法确定该出版物的合法性”的程度，进而影响原告方享有的著作权权利来源合法性[④]。

三、直接证据的灵活掌握

杭州大头儿子文化发展有限公司（以下简称大头儿子文化公司）与央视动

---

① 参见天津市第一中级人民法院（2008）一中民三初字第 60 号民事判决。判决认为电影作品韩剧《恋爱高手》有三个片名，中凯公司未能证明其片名的唯一性，以此确定诉讼标的权益被侵害。

② 如，美国电影“Impossible Mission”，在大陆就有《不可能的任务》、《碟中谍》两个中文名称；电影“The Shawshank Redemption”，大陆将其直译为《肖申克的救赎》，香港翻译为《月黑高飞》，台湾则被译成《刺激 1995》。

③ 当时施行的该办法第 17 条规定，进口单位不得擅自更改报送文化部进行内容审查样片原有的名称和内容；第 23 条中规定，出版进口音像制品・・・要使用经批准的中文节目名称；第 33 条中规定，音像出版单位出版和利用信息网络传播进口音像制品，违反文化部批准文件的要求，擅自变更节目名称或增删节目内容的，由文化部给予警告，并处 10000 元以上 30000 元以下的罚款。

④ 原告以同一电影起诉的另一起案件，法院在查明事实部分径直认可涉案作品复制件存在多个名称，并未在判决理由部分进行论述。参见北京市海淀区人民法院（2008）海民初字第 12522 号民事判决。

画有限公司（以下简称央视动画公司）著作权侵权系列纠纷案中[①]，一审法院认为，至于洪亮和大头儿子文化公司取得著作权的作品范围及内容，虽然目前大头儿子文化公司不能提供该作品的载体，致使该作品的具体表现内容不能确定，但在庭审中，无论是当时创作的刘泽岱、获得作品原稿的崔某、创作当时在场的汤融，还是参与再创作的周某，均认可刘泽岱确实在1994年时创作了涉案的三幅美术作品初稿，况且在95版动画片片尾播放的演职人员列表中也明确载明："人物设计：刘泽岱"，一审法院的判决意见是，原告"不能提供当初创作的作品底稿，但并不影响其依法享有作品的著作权"。二审法院判决对此予以认可。原告无法提供涉案作品的载体，直接证据物证欠缺，作品的具体表现内容不能确定的情况下，法院没有以证据不足判决驳回起诉，而是以证人证言和书证作为间接证据认定当年作品底稿的缺失不影响著作权的实际享有。

在《马路天使》剧本著作权纠纷案中，法院同样没有机械地适用证明标准[②]。被告以袁牧之没有留下以有形形式复制的剧本，也就不存在剧本著作权受到侵害进行抗辩。法院认为，虽然原告因客观原因未能提交电影《马路天使》的原剧本，不等于袁牧之在执导电影《马路天使》时就无剧本。即使《马路天使》在摄制中，袁牧之没有以有形载体（如纸张）所复制的剧本，也不能否认其是电影《马路天使》编剧的事实。从电影作品的形成过程来看，电影是融合了剧本、音乐、表演、摄影等艺术形式，无论是拍电影所依据的脚本，还是分镜头剧本、

① 参见浙江省杭州市中级人民法院（2015）浙杭知终字第356、357、358号民事判决。
② 参见北京市第一中级人民法院（1997）一中知初字第47号民事判决。

导演阐述、镜头排本等[①]，剧本都是拍摄电影所必须，根据公认的电影创作的事实流程，基于众所周知的对涉案电影权利人的信息，法院尽力还原事实原貌。

在涉及历史久远的著作权侵权案件中，通常情况下，作品原稿、原始出版物是直接证据，也是最有证明力的证据，但对其证明效力不能绝对化，在权利意识普遍淡薄的时代环境中，对作品署名的认定需要结合其他证据佐证，力求还原客观事实。鲁某某诉王某某著作权侵权案[②]，涉及著名现代豫剧《朝阳沟》6 段经典唱段的唱腔设计，法院对原告主张的两本当年书籍记载的署名，通过对书籍编写单位的调查，调阅剧团历次演出说明书和乐谱手稿，调查走访老一辈艺术家，最终依法对涉案戏剧音乐署名权问题作出裁判。

第二节　案件事实的剪裁取舍

在事实还原之后，法官对呈现在面前的众多案件事实，需要依据相关性、合法性原则对涉及案件定性的事实进行剪裁取舍，避免不相关事实的干扰、相关事实的遗漏。

一、相关事实的认知混淆

在尹小艾、尹卫岗、陈本宗、孔繁伟与广州市纶章商贸有限公司、广州市

① 郑成思：《版权法（修订本）》（上），中国人民大学出版社 2009 年版，第 125 页。
② 王永伟：《戏曲著作权司法保护若干问题研究》，载《“知识产权与创新驱动发展”论坛暨中国知识产权法学研究会 2013 年年会论文集（上）》，第 405-407 页。

纶章商贸有限公司西关旅游用品购物中心、广州市人民政府、广州雕塑院侵犯著作权纠纷中[①]，关于被控侵权的事实一节，一审法院经审理查明的事实为，广州雕塑院于 2005 年 8 月 12 日在两被控侵权人处购买到被控侵权产品。两被控侵权人确认 21 种被控侵权产品由纶章公司西关中心销售，由纶章公司开出发票。纶章公司西关中心在广州市下九路步行街销售各种“五羊石像”立体复制品，含“五羊石像”的广彩碟、平面玉雕，印制“五羊石像”图案的钥匙扣、指甲钳等共计 21 种。产品上的“五羊石像”与雕塑作品“五羊石像”基本相同，且均未在商品上注明作者姓名。

一审法院认定广州市人民政府是“五羊石像”雕塑作品除署名权以外的其它著作权的著作权人，署名权由三位作者尹积昌、陈本宗、孔繁伟享有。在此基础上，关于被控侵权事实的认定以及法律适用问题，一审法院认定，被控侵权人销售的产品上的“五羊石像”为“五羊石像”雕塑的复制品，存在《著作权法》规定的复制行为。纶章公司和纶章公司西关中心称其销售的被控侵权产品的“五羊石像”是采用临摹的方式完成的，但并未举证证明，也未能举证证明其销售的被控侵权产品有合法来源，故可认定被控侵权人未经著作权人许可，销售了“五羊石像”雕塑作品的复制品。考虑到该商品主要是供人欣赏的艺术品和日常使用的日用品，不适宜将作者的姓名直接在该商品上标明，属于“由于作品使用方式的特性无法指明的”的法定除外情况。因此，纶章公司及纶章公司西关中心的行为并没有侵犯三作者个人的署名权，无需承担侵权民事责任。

---

① 参见广东省高级人民法院（2008）粤高法民三终字第 167 号民事判决。

二审法院确认原审查明的事实。关于纶章公司和纶章公司西关中心的行为性质，二审法院认为，署名权是在作品上表明作者身份的权利，享有署名权的作者有权请求使用其作品的人在作品上注明作者姓名。虽然依照现行著作权法实施条例第十九条的规定，由于作品使用方式的特性无法指明作者姓名的，使用人可以不指明作者姓名。但本案纶章公司和纶章公司西关中心在广州市下九路步行街长期销售“五羊石像”的各种材质的复制件、刻有“五羊石像”的广彩碟、刻有“五羊石像”的平面玉雕、印制“五羊石像”图案的钥匙扣、指甲钳等21种侵权产品，在这些侵权产品上均有条件指出作者姓名。这种使用方式不属于无法指明作者姓名的情形，该行为构成对尹积昌、陈本宗、孔繁伟署名权的侵犯。

案件中，一审、二审查明的涉及是否侵犯署名权的事实相同，依据的法律条文相同，但是结论迥异。一审法院对被告不侵权的论述只有88个字，从商品属性不易直接表明作者姓名而否定侵权。二审法院认定侵权的核心理由是“在这些侵权产品上均有条件指出作者姓名”，同样简略。是否一审、二审法院都认为这是不言自明的不侵权或侵权事实？

究其实质，该案判决引起疑问之处，根本原因在于相关事实的认知混淆。一审判决以商品共性为考察重点，并且论证诉诸于“经验常识”。但是，经验常识往往具有可争议性。“主要是供人欣赏的艺术品和日常使用的日用品”与“不适宜将作者的姓名直接在该商品上标明”之间存在逻辑断裂，从前者为真并不必然推断出后者为真。况且，“不适宜将作者的姓名直接在该商品上标明”

的表述，是否还有间接标明的可能性？如，不在商品本身标明，而在商品的包装标明，两审判决的法院“查明事实”和“本院认定”部分对此都没有说明，查明、论述商品自身没有标明作者姓名的核心事实固然重要，但外围事实应给予足够的重视。一审判决对事实的法律评价，引发新的疑惑和追问。

正如学者指出的，日常生活中的论证语境与法律过程中的论证语境不同。运用“经验常识”以提出论证者，在后者中，明显存在“更高权威期待值”的问题，因是作出判决以定分止争，参与者及旁观者更会要求权威的法律人特别是法官，应有无懈可击的理由表达，反之，在日常生活中，“更高权威期待值”不是一个重要的问题，参与者或旁观者常会觉得，“说出理由”即可，对“一方无懈可击”的要求常非特别迫切。因此，可概括地说，运用“经验常识”以论证，在日常生活中或许可成功，但在法律过程中则注定步履艰难[①]。

针对本案涉及署名权的事实，司法的切实可行之策为：审理时查明出售商品的商品及外包装，综合考量商品自身的材质、大小、形状、颜色、表面图案文字等因素，以及商品外包装是否具备标明的可能性，在不破坏雕塑整体观感的情况下，判定作者署名权是否受到侵犯，并在判决中给予当事人明确的行为指引。

二、背景事实的认识偏离

《我的前半生》诉讼尚在进行中时，有学者针对案件的事实发表评论，指

① 刘星：《司法的逻辑：实践中的方法与公正》，中国法制出版社 2015 年版，第 76 页。

出李某也是受组织之命写书的。他根据溥仪提供的一本简要的初稿和前半生的生活资料、活动线索，花了极大的功夫，走访、考察了许多人和地方，查阅了很多资料，最后写成这本书。溥仪本人汉文很差，决无此书的写作能力，他也只是提供了情况和线索，没有李某几乎走遍了溥仪生活过的地方，查阅了大量的历史资料，没有李某的较高的马列主义理论水平和文字能力，是决创作不出这本书的[①]。最后法院判决中对被告的走访、考察、查阅资料、理论水平和文字能力等事实均未予评论，将其作为无关事实予以排除。被告对作品的贡献不只是普通体力劳动方面的，其对作品最终成形付出了智力创造，对该事实视而不见无疑不符合案件的客观情况。

在薛华克诉燕娅娅著作权侵权纠纷的系列案中，薛华克指燕娅娅的油画《奶奶》演绎了他的摄影作品《老人》，一审法院判决驳回了薛华克的诉讼请求。法院经审理查明，2005 年，薛华克和燕娅娅分别前往帕米尔高原，以当地居民为对象进行创作，并在当地相遇。薛华克称《老人》即在当时拍摄完成，并提交了该作品的胶片底片，但未就该作品的发表情况提供证据。

燕娅娅的油画作品《奶奶》分别发表在 2006 年 12 月发行的《中国油画》杂志上，以及 2007 年 5 月出版的油画作品集《娅娅山上的故事》一书中。为了证明该油画系自己创作，燕娅娅还提交了一张草图，并附有画中老人家属的证言，称画中形象系燕娅娅于 2005 年绘制，燕娅娅还与老人家属签订了肖像权

① 张佩霖：《著作权的归属》，载江平、沈仁干等 ：《中华人民共和国著作权法讲析》，中国国际广播出版社 1991 年版，第 132-133 页。也有学者从署名权的角度进行分析，认为应区分署名与署名权，作品上不署名也是行使署名权的一种方式，不等于没有署名权，也不等于没有作者资格，参见前书第 100 页刘春田教授观点。

使用合同。

法院经审理认为，薛华克现有证据无法证明燕娅娅在创作涉案油画时有机会接触到其摄影作品。并且，燕娅娅本人确与薛华克在同一时间前往帕米尔高原进行创作。因此，现有证据不足以证明燕娅娅创作涉案油画时使用了薛华克的摄影作品。

本案承办法官回应公众质疑时说，两幅作品都是以相同人物为特定创作对象的，二者存在的相同之处主要属于人物本身固有的形象、姿势和神态，既非燕娅娅臆想产生，也非薛华克在拍摄过程中创造产生，而是客观存在的。作为不同类型的作品，油画《奶奶》与摄影作品《老人》的创作手法、使用的介质材料均不相同，两幅作品在尺寸、颜色以及局部细节等表现方式上也存在差异。此外，双方都认可曾于同一时间段去帕米尔高原写生，而薛华克没有《老人》这幅照片发表过的证据，也没有证据证明他给燕娅娅传过照片，也就无法证明燕娅娅接触过这张照片，所以无法认定燕娅娅构成侵权。

正如学者在评论此案时所说，薛华克起诉燕娅娅侵权作品一共有 8 组。这 8 组作品之间，虽然存在一些差异，但其中存在太多的相似性成分。综合起来分析，通常情况下，由于摄影特有的记实功能，要说是摄影抄袭了油画不大容易，而说油画是根据摄影改编的说法更加合乎事理、合乎法理①。

法院判决基于燕娅娅的油画《奶奶》有采风活动、创作原型为证，没有证

① 周林：《复制？剽窃？造假？——近期视觉艺术领域典型案例评点》，载《中国艺术报》2012 年 6 月 29 日第 007 版。文中提出，对于版权侵权不应机械地判断，而应当根据具体情况，结合案件所呈现出的全部信息，才能做出合乎事理、合乎法律的裁判。

据证明燕娅娅曾接触到摄影作品《老人》，以接触证据不足阻断了侵权构成。依据著作权基本法理，该案判决不侵权似乎具有法理基础，版权不是垄断，版权不能阻止独立创作出来的作品与之进行竞争[①]。但是，如果将本案置于原被告之间的系列诉讼中审视，裁判结论恐怕不能如此轻易得出。以作品公开推定当事人有接触的可能性，具有符合实际情况的“高度盖然性”，但是以作品没有公开就否定接触的事实与接触的可能性，虽然具备可能性，但与“高度盖然性”还有一定距离，需要结合案件具体事实详加分析才能得出妥适结论。判决理由认定原告无法证明被告有接触的事实，该推断对“高度盖然性”的理解较为机械，易背离“客观真实”[②]。

三、事实取舍的认知杂糅

在我国首例关于游戏直播的案件“上海耀宇文化传媒有限公司诉广州斗鱼网络科技有限公司”中，法院裁判遵循法教义学的司法路径，将《著作权法实施条例》对作品的定义为模型，将涉案比赛的“关键事实”与定义中的“关键词”对比，认为比赛是选手按照游戏规则进行比赛的客观表现，以比赛过程的随机性、不可复制性，比赛结果的不确定性，对比独创性、可复制性而否定比赛画面的作品属性[③]。

对此判决，学界评论不一。有学者认为，不同用户的互动参与可能导致具

① See Copinger and Skone James on Copyright from Sweet and Maxwell，p32.

② 被告所举证据中创作原型儿子及边防武警的证言受到原告律师的强烈质疑，判决中对这些证言予以认可。参见夏超：《原告律师：我们认为这是一起典型的侵权案例——访薛华克代理律师张闻起、赵华航》，载《美术报》2012 年 7 月 28 日第 003 版。

③ 参见上海市浦东新区人民法院（2015）浦民三知初字第 191 号民事判决。

体游戏画面有差异，但所有比赛画面之间存在不变的实质部分，如画面、音乐、故事情节、人物形象，而这正是特定游戏的核心内容，是吸引用户的关键之处。游戏画面（比赛画面）是游戏素材以及游戏程序对其进行组合的结果，判断比赛画面是不是作品要以游戏素材、内容组合、画面录制过程是否具有独创性为依据[①]。也有学者从事实角度指出，原告从著作权人处获得游戏赛事的“独家视频转播权”，其转播时除使用软件截取比赛画面，还插入比赛解说和直播间画面，并非单纯直播比赛画面。因此，法院需要判定的是，游戏时选手操作而形成的画面，是否构成了一个新作品？本案的关键不是对游戏中所涉及的作品认定，而是需要判定直播涉及的专有权利[②]。

也有观点认为，将电子游戏归入到“电影作品和以类似于摄制电影的方法表现的作品”比较合理。游戏玩家的操作是在游戏设计者既定的规则、模式下进行，游戏开发者的设计，客观上导致同样操作呈现出同样的游戏图像、音效和画面，其中体现了游戏设计者的智力投入，使游戏符合固定性要件[③]。

本书认为，该案判决将需要进行法律评价的事实定为游戏选手操作形成的画面，对原告进行视频转播的其他事实未予足够重视。即使原告从游戏著作权人处获得的名为“独家视频转播权”，如果在进行转播的过程中并非简单的运用机械直播，而是加入比赛解说、背景介绍、游戏攻略等智力劳动，裁判中需

① 参见崔国斌：《认真对待游戏著作权》，载《知识产权》2016年第2期，第6-7页。该文认为，斗鱼案涉及的是具有非常复杂的人物形象和故事情节的 DOTA2 游戏，几乎不可能出现游戏画面中不含有独创性内容的情况。

② 王迁：《电子游戏直播的著作权问题研究》，载《知识产权》2016年第2期，第14页。

③ 夏佳明：《电子游戏直播中知识产权保护研究》，载《知识产权》2016年第2期，第20-21页。

要对该事实予以独立评价，不能杂糅在一起，进行笼统认定[①]。

第三节 事实法律的契合过渡

诗无达诂，对作品的审美鉴赏客观上存在差异。著作权侵权纠纷案件中，涉及作品的事实则需要基于法律、法理，明确其确定性的法律意义，最终实现从事实范畴向法律范畴的过渡。

一、法律评价偏离事实时空维度

在侯宝林继承人与中国国际广播音像出版社关于相声发表权的纠纷中[②]，原告方诉称，涉案的两段相声是1960年11月至1961年4月间，根据上级精神由侯宝林挖掘记录的，其思想性、艺术性格调不高，当时侯宝林明确表示不希望对外公开，组织上也规定作为资料保存，不得对外公开。这两段相声是违背侯宝林意志，未取得许可的情况下播放、出版的。两审法院在判决中都回避了对这个事实的论述，均认为以表演、播放、出版等方式将作品公之于众的，应视为作品已经发表。既然涉案相声作品已经发表，中国国际广播音像出版社使用他人已发表的作品制作录音制品没有过错，不应承担侵权责任。

① 广州爱拍与酷溜网著作权侵权案二审判决对此进行了较为准确的认定。用户使用拍摄软件将自己玩游戏的画面进行录制，形成相关视频。法院认为涉案视频仅仅是对游戏画面的机械录制，虽然游戏的过程体现游戏玩家的思路和技巧，但因所录制的画面、配音内容简单，该等画面和配音的组织、编排本身无需付出独创性的智力活动，难以构成著作权法意义上的作品。参见北京知识产权法院（2015）京知民终字第601号民事判决。

② 参见北京市第二中级人民法院（1995）二中知初字第82号民事判决、北京市高级人民法院（1997）高知终字第29号民事判决。

根据《著作权法》的法律定义，发表权是决定作品是否公之于众的权利，不言而喻，决定的主体是著作权人。国内学界一般认为，作为一项精神权利，发表权取决于著作权人，由著作权人自由意志所决定[①]。如本案所示，作者如不同意发表，案外第三人将作品发表了，作者的继承人能否追究被告使用该作品制作录音制品行为的法律责任？两审法院恰恰绕开了这个法律焦点，将作品已发表、作者没有事先声明反对、经原录音制作者许可复制发行其制作的录音制品三个条件逐个梳理，被告行为符合三个条件的交集，因此判定不侵权。在著作权法领域，是否也承认物权法领域的善意取得？前手的瑕疵不影响后手的权利？舍弃了中央人民广播电台等在先“发表”行为的性质论述，案件判决的论证势必令人疑惑，难以令原告方心服口服。依照国际范围内对发表的权威定义，就作品而言，一般理解为使公众可以获得该作品，不论其发表方式如何[②]。该案裁判显然是对发表权主体的忽视。此外，二审法院适用《著作权法实施条例》第 48 条事先声明条款也有待商榷。侯宝林创作该作品是在 1960 年代，1990 年我国著作权法才颁布施行，《著作权法实施条例》是 1991 年 5 月 24 日国务院批准、1991 年 6 月 1 日起施行，如何能以后制定的法律法规规范以前的行为？法不溯及既往是基本原则，如果溯及既往，也要遵循有利追溯，在个案中需要法官作出详细论证。所有的这些，在本案判决书中都没有表达。该案判决对发表权的法条中关键词“决定”未予解释，裁判解释给人产生发表权是“一经公开，

① 参见郑成思：《版权法》（上），中国人民大学出版社 2009 年版，第 157 页。吴汉东：《知识产权法》（第五版），法律出版社 2014 年版，第 70 页。
② 参见世界知识产权组织编：《著作权与邻接权法律术语汇编》，刘波林译，北京大学出版社 2007 年版，第 78 页。

覆水难收”的误解，著作权人自由意志难以得到切实体现。

对于本案所涉及的情形，1990年《著作权法》立法时已有类似的反映意见，对过去年轻时创作的歌曲，已经发表，但后来觉得有问题，不愿传播了，怎么办？作为立法机关代表的观点是，《著作权法》在使用他人已经发表的作品可以不经著作权人许可之后，增加了“著作权人声明不许使用的不得使用”，以此解决不愿再传播的问题①。

在《马路天使》剧本著作权纠纷案中②，被告国威公司提出一个抗辩理由：已与原告中的袁牧女签订了使用许可协议，因此不构成侵权。法院认为，袁牧女仅为权利人之一，无权对其他原告的权利作出处分。对比齐白石后人诉讼案件，可以发现，同样是经过部分继承人许可使用，案件结论大不相同。个案事实的不同之处影响规范适用。齐白石后人众多（起诉时十二个子女只有一子一女在世），不仅牵涉子女继承，还有孙子女外孙子女的转继承问题，且分散各处，取得全部继承人的授权存在极大困难（当然并非客观不能）。最高法院通过公报案例的形式公布江苏法院审理的该案，可视为有条件承认不可分割作品著作权共有人的授权效力扩张，是一种基于经济效率的现实主义解决方案，既可简化使用人获得许可成本，又可以促进作品快速传播，这是对著作权财产规则的有限突破，特定情况下获得部分共有人的许可即可阻却侵权，部分向责任规则靠

---

① 顾昂然：《著作权法立法精神概述》，载最高人民法院著作权法培训班：《著作权法讲座》，法律出版社1991年版，第13页。

② 参见北京市第一中级人民法院（1997）一中知初字第47号民事判决。

近[①]。通过这种进路，司法间接实现对著作权立法目的具体实施，政策实施型的司法特征较为明显。相比之下，《马路天使》案中，继承人数有限（四人），使用人获得许可的成本较小，将部分继承人的同意视为阻却侵权的理由会使著作权由事先许可向事后赔偿变向，财产规则异化为责任规则，增加社会纷争，其正当性明显欠缺。

以《人再囧途之泰囧》与《人在囧途》纠纷为例，对同样的事实，对《人再囧途之泰囧》片方侵犯何种权利的问题上，就存在不同的认识，有认为涉及的是侵犯电影名称权、改编权，也有认为只可能涉及复制权、改编权[②]。“人在囧途”这四个字的作品标题是否具有可版权性，学界认识不一。有持肯定意见的，认为该标题“巧妙地用 ‘囧’这个来形容整趟路途”，“带有作者和影片鲜明的个性特征”，达到了原创性要求，受著作权法保护[③]。可以看出，肯定意见是基于作品标题本身是否体现出独创性而进行法律评价。

相当多的学者对此持否定意见。“如此之短的名称，即使是首创的，也很难作为作品受到保护。”[④]“仅凭此名称我们并不能了解影片的故事情节，更无从体会作者通过影片想要表达的‘以一种人道主义情怀去关注底层百姓的生存

---

① 正如学者所指出的，通过协商确定初始权利价值的成本太高，即使权利的转移可以使相关各方均收益，但这种权利的转移仍然不会发生。参见[美]吉多·卡拉布雷西、A·道格拉斯·梅拉米德：《财产规则、责任规则与不可让与性：一个权威的视角》，明辉译，载[美]布兰代斯：《哈佛法律评论·侵权法精粹》，徐爱国编译，法律出版社2005年版，第296页。

② 参见郑晓红：《明晰基本事实 厘清法律关系——〈人囧〉与〈泰囧〉侵权纠纷学术研讨会综述》，载《中国版权》2013年第3期，第18-20页。

③ 卢海君：《〈人在囧途〉诉〈人再囧途之泰囧〉案——基于著作权法的分析》，载《中国出版》2013年4月（上），第25页。

④ 参见郑晓红：《明晰基本事实 厘清法律关系——〈人囧〉与〈泰囧〉侵权纠纷学术研讨会综述》，载《中国版权》2013年第3期，第18页。吴汉东教授、陶鑫良教授也认为涉案电影标题不能获得著作权保护。同注，第18、19页。原告最终以不正当竞争为由起诉，诉求获得北京市高级人民法院部分支持。

状态’的思想。”[①] 否定意见除对作品标题本身的独创性有怀疑、保留意见，还从作品名称与作品整体的关系进行衡量。

由此可见，即使是一方创制的四个字的作品标题，对这一简单的事实，其引致的著作权法律意义也可能令法官颇费思量。在赵继康与曲靖卷烟厂之间的著作权侵权、不正当竞争案中[②]，对“五朵金花”作品名称是否享有著作权，一审法院首先从该词组构成分析，数量词“五朵”与名词“金花”的组合，“不能独立表达意见、知识、思想、感情”；其次，“金花”称呼白族妇女并非原告独创。作品名称“只有与作品内容一起构成一部完整的作品，才受著作权法保护”。“五朵金花”一词之于作品作用有限，“不构成《五朵金花》电影剧本的实质或者核心部分”。如果对作品名称单独给予著作权法保护，禁止他人使用，“既有悖于社会公平理念，也不利于促进社会文化事业的发展与繁荣”。很明显，一审法院判决具有结果主义裁判思维的色彩，将政策实施纳入裁判的考量之中。

该案的二审法院认为，如果把是否具有独创性作为判断作品名称是否享有著作权的唯一标准，势必造成作品名称有独立于作品的著作权，即如果作品名称具有独创性，则作品名称有一个独立的著作权、正文又有一个著作权，那么基于同一部作品，相同的作者可以享有两个或两个以上的著作权，这既不符合法律逻辑，也不符合法律规定。作品名称不能脱离作品内容而具有独立法律地

① 张丹丹：《影视节目名称的法律保护路径探析》，载《当代法学》2015 年第 1 期，第 132 页。

② 参见云南省昆明市中级人民法院（2002）昆民六重字第 2 号民事判决，云南省高级人民法院（2003）云高民三终字第 16 号民事判决。

位。二审法院的立论点是作品名称是作品的部分，没有独立存在的必要和可能。这一立场值得商榷。现实情况是，同一作品有两个标题的情形并不少见，电影《乱世佳人》还有另外两个名称《飘》《随风而逝》，三个名称都指向同一个作品，不会发生混淆。

有学者基于“请求权的区别”视角分析本案，认为二审判决原告败诉，恐怕最主要的原因不在于“五朵金花”缺乏独创性，而在于被告对其注册使用的商标“五朵金花”投入了大量的广告宣传费用，“五朵金花”已经凝聚了被告巨大的商业信用和无形资产价值。如果判决原告胜诉，原告不但拥有停止侵害请求权，而且拥有损害赔偿请求权①。

事实上，我们可以看到最高人民法院近来司法方向的调整，按照《关于审理商标授权确权行政案件若干问题的规定》第二十二条第二款，作品名称、角色名称一定条件下可构成“在先权益”，司法可给予保护。这种司法方向的转变，有利于引导公众树立尊重著作权的意识，从源头上避免经营者使用商标时搭著作权便车的情形出现。

二、 法律评价超出事实影响场域

王巨贤与绍兴市水利局其他著作权权属侵权纠纷案②，展现了事实影响裁判的另一种可能。最高人民法院在判决中指出，原二审判决和原再审判决在未区

---

① 李杨：《知识产权法定主义的缺陷及其克服——以侵权构成的限定性和非限定性为中心》，载《环球法律评论》2009 年第 2 期，第 81-82 页。

② 参见最高人民法院（2013）民提字第 15 号民事判决。

分室外艺术作品本身署名情况的前提下，一概认定对室外艺术作品进行合理使用时需指明原始绘画作者身份，对著作权法相关规定的理解有不当之处。但本案中，鉴于绍兴市水利局并非任意的社会公众，其作为景区的管理者，在出版全面介绍景区的旅游图册时，对于景区内雕塑等作品的权利状况应负有更高的注意义务。且综合案件事实，《康熙驻跸碑》碑记上有署名，而其余作品虽本身未署名，但绍兴市水利局应当知晓王巨贤为涉案十一幅雕塑作品的绘画作者，故原二审判决和原再审判决判令其在相关报纸上刊登声明，指明王巨贤为相关绘画作者并无不当，其判决结果正确，应予维持。

事实之于案件的法律意义方面，该案的个案事实直接指引了提审判决结论的形成过程，进而影响了判决最终结论。无论是二审法院，还是再审法院，都是以法律法规、司法解释相关规定为立论基点[①]，指明“再行使用行为原则上应当指明作者姓名”，“原作者的包括署名权在内的著作人身权应当体现在演绎作品之中”，规则确定后再辅之以事实的填充，规则对结论的约束是显性的。提审法院论述并否定了二审判决和再审判决对合理使用人指明作者姓名义务的界定，认为过宽的界定可能影响社会公众对室外艺术作品的合理使用，前两个判决所阐释的规则已经不能适用。合理使用人的涉案地位与先前行为直接形塑了案件的适用规则，不需要对《著作权法》第二十二条第一款第十项进行扩大解释。事实，准确的说是个案事实实质性确定了案件的最终走向。

---

① 二审法院通过对《著作权法》第二十二条、《关于审理著作权民事纠纷案件适用法律若干问题的解释》第十八条、《著作权法实施条例》第十九条的相关规定的阐述，再审法院则是对《著作权法》第二十二条第一款第十项、《关于审理著作权民事纠纷案件适用法律若干问题的解释》第十八条、《著作权法》第十二条、三十三条、三十四条进行解释。

华盖创意与重庆外运著作权纠纷案中[①]，华盖公司2009年起诉称其是美国Getty公司在华授权代表，拥有使用Getty公司享有著作权图片及诉讼的权利，重庆外运公司的企业宣传画册于2006年制成，画册中使用了Getty公司拥有著作权的一张图片。一审法院从权属的角度开始分析，认为华盖公司在诉讼公证取证时，只能证明公证之日Getty公司网站载有涉案图片，因此推定从公证之日起Getty公司对涉案图片享有著作权。华盖公司不能证明重庆外运在画册形成时Getty公司的涉案图片著作权情况，判决驳回华盖公司诉讼请求。二审法院对华盖公司公证证据的证明力进行剖析，认为华盖公司有能力对涉案图片进行后台编辑管理，现有证据不能确定图片的上传时间，无法确定Getty公司享有图片的时间早于重庆外运公司画册的制作时间。可见，一审、二审将案件焦点主要集中在原告著作权取得的时间上。

最高法院再审时转换裁判思维，判决首先从图片的实质性相似角度，认定重庆外运公司画册中所用图片，与Getty公司图片完全相同，然后从举证责任角度指出重庆外运公司不能举证图片著作权不属于Getty公司，从著作权作为绝对权的权利属性“一般禁止、例外许可”的角度，指出重庆外运公司也不能证明其使用图片有合法依据。判决以结果意义上的举证责任和著作权法理，判定重庆外运公司未经许可使用著作权人作品违法。判决推定涉案图片在重庆外运公司使用之前已公开发表，发表的具体时间已不重要。原告是否享有请求权基础，这是著作权侵权纠纷案件法院裁判首先需要审视和论证的问题。著作权

① 参见重庆市第一中级人民法院（2009）渝一中法民初字第209号民事判决、重庆市高级人民法院（2010）渝高法民终字第71号民事判决、最高人民法院（2010）民提字第199号民事判决。

自动取得的属性决定了有时候原告自证权利取得时间相对困难，本案中一审、二审法院对著作权人的权利证明要求有些苛刻，再审法院视角不同，殊途异归。

该案值得我们思考的是，司法实践中对作品上署名“视为作者”的运用不可机械、僵硬。国外的非著作权人，在自己网站上将照片打上水印，藉此证明拥有著作权，此种情况并不能排除。如果其到中国法院起诉“维权”，水印是推定其为作者的证据之一，法院还需要综合考虑案件事实的多种可能情形，决定是否令其提供其他权属证明，形成拥有著作权的完整证据链，避免因遗漏事实影响法律评价。

三、法律评价臆断事实发展走向

李海泉诉中国工商银行北京市分行侵犯著作权纠纷案中[①]，原告李海泉1995 年摄制了北京市朝阳区北四环路的安慧立交桥照片，1996 年公开发表。1999 年原告发现被告未经许可，将该照片印制在其发行的牡丹交通卡上，未署名并对该照片进行了修改。

当事人争议的焦点之一是被告的行为是否侵犯了原告的修改权和保护作品完整权。被告在卡片正面图案使用了原告的作品“安慧桥全景”，但删除了原作品前下方的一根较大灯柱。一审法院认定被告侵犯原告的署名权、使用权和获得报酬权。对于被告在牡丹交通卡上将原告作品中灯柱删除的行为，法院认为其不属于著作权意义上的修改，没有歪曲、篡改原告作品的主题思想，并未

① 程永顺主编：《著作权纠纷案件法官点评》，知识产权出版社 2004 年版，第 86-108 页。

侵犯被告的修改权、保护作品完整权[①]。

在一张立交桥为主题的个人摄影照片中删除一根较大灯柱，必然导致作品的画面变化，事实是客观存在的。认定缺乏“事实”依据，判决明显是对变化的事实视而不见。裁判关注的是这样的删除是否达到了应该予以法律评价的程度，足以给予法律上的否定评价。

一审法院认为删除的行为没有歪曲、篡改原告作品的主题思想，实践中对此有不同意见。有观点认为[②]，立交桥是现代城市交通的重要设施，高杆灯是其照明设施，与道路、桥梁一样，是立交桥的基本构成系统之一，为立交桥所不可缺少的设备。高杆灯除了对立交桥桥区的照明作用外，还有十分重要的装饰功能，表达了一定的美学意义。历来的立交桥设计师们都十分重视对高杆灯的设计，包括高杆灯的数量、位置、高度，甚至连灯光的色调，都是设计师们根据不同立交桥的特点精心设计的。设计师们从照明学和美学的角度出发，并参考立交桥的周边面貌，将高杆灯安置在立交桥各处，与立交桥一起构成一幅幅美丽的都市风景，反映了现代都市的时代风貌。为反映不同立交桥的不同特点，北京各处立交桥所使用的高杆灯也各有千秋，互不相同。摄影师们在拍摄立交桥时，十分注重拍摄的角度，注重立交桥各构成要素的完美组合。本案原告李海泉在构思涉案的摄影作品时，为突出该立交桥高杆灯的特点，特意将该桥高杆灯之一放在摄影作品的正中位置，以突出表现安慧桥的全景特色。灯与路、

---

① 二审调解结案，协议内容主要是被告致歉，赔付经济损失 20 万元。为学理价值出发，讨论被告是否侵犯原告修改权和保护作品完整权仍有必要。

② 程永顺主编：《著作权纠纷案件法官点评》，知识产权出版社 2004 年版，第 95-96 页，法官点评部分。

桥交相辉映，都是作者需要表达的基本思想之一，也是原告作品不可或缺的重要内容，反映了作者的构思和基本感情，表达了作者客观、全面反映安慧桥美丽景色的严谨态度。本案被告为安排牡丹交通卡版面的需要，以便突出显示卡号，将反映安慧桥显著特色的高杆灯予以删除，致使作品无法真实、完整、全面地表达作者的真实思想和创作意图，严重破坏了作品的思想性、艺术性，构成了对作者修改权和保护作品完整权的破坏。

修改权、保护作品完整权，改动达到何种程度才是侵害了作者修改权、保护作品完整权？本案与林奕诉中国新闻出版社侵权案不同之处在于，林奕以署名权、修改权、获得报酬权、名誉权起诉，中国新闻出版社对作品进行的改动，是在林奕照片作品的画面上添加与作品主题相反的主题和文字，歪曲作品内容，改动的客观事实存在，损害作者声誉的判定较为明显。依据我国《著作权法》对作者精神权利的规定，参考《伯尔尼公约》第六条之二第一款对作品身份权保护的规定①，法院需要穿过事实与法律的纠缠，得出合法合理的结论。

正如认知心理学所揭示的，当某人寻求或考虑候选原因时，未发生事件不可能得到高度凸显或者受到适当的注意；相应地，他也不易在解释所观察行为或事件结果时赋予未发生事件足够的影响力②。法院在事实认定上忽略了未发生事件的推论价值，对其没有足够的注意，进而影响了对事实的法律评价。

① “不受作者财产权的影响，甚至在上述财产权转让之后，作者仍保有主张其作品的著作者身份的权利，并享有反对对其上述作品进行任何歪曲或割裂或者有损于作者声誉的其它损害的权利。”对“作品的改动”，定义是“对作品的任何变更；改动如果损害了作者的荣誉或名誉，即构成对其精神权利的侵害”，参见世界知识产权组织编：《著作权与邻接权法律术语汇编》，刘波林译，北京大学出版社 2007 年版，第 157 页。

② [美]丹尼尔·卡尼曼等：《不确定状况下的判断：启发式和偏差》，方文等译，中国人民大学出版社 2013 年版，第 151-152 页。

在著作权司法裁判中，需要注意事实与规范的不匹配情况。在齐白石后人起诉出版社的一系列案件中[①]，江苏法院以《著作权法实施条例》第9条作为判决依据，判定部分继承人未获得其他继承人许可进行的对外授权行为有效。法院以被告的起诉理由“没有获得全体继承人的授权”，对被告起诉的合法性进行了“以子之矛攻子之盾”式的回应。“没有获得全体继承人的授权”这一事实具有了规制性意义，原告起诉的资格同样瑕疵，但法院并没有以这个事实为基础，认定原告不是适格主体。法院认为第9条规定体现了著作权法立法目的中促进文化传播的原则，但该法条规范的是合作作品不可分割使用时合作作者之间的法律关系，以该条作为裁判依据，扩大解释的理由并不充分[②]。

对于案件争点基本相同的该类案件，天津法院在系列判决中，以涉案图书的出版项目地位、出版与文化传播、继承人众多与授权存在的困境等为裁判理由，肯定了被告出版社取得部分继承人许可所进行出版发行的行为，认为其不会妨碍著作权人对作品的正常使用，不会损害著作权人的合法利益[③]。法院的裁判依据是《民法通则》第六十六条第一款关于民事代理“视为同意”的规定、《著作权法》第一条关于立法目的规定，但是法条对案件的匹配存疑，从案件已经查明的事实看，其他继承人不知道齐良迟、齐佛来以本人名义许可的，更

① 江苏法院审理的齐良芷、齐良末等诉江苏文艺出版社侵犯著作权纠纷案，参见《最高人民法院公报》2012年第9期。

② 有学者批评该判决没有区分合作作品之共有与通常的作品共有，参见解亘：《著作权共有人的权利行使——评齐良芷、齐良末等诉江苏文艺出版社侵犯著作权纠纷案》，载《交大法学》2015年第2期，第169-170页。

③ 参见天津市第一中级人民法院（2015）一中民终字第0616号民事判决。天津法院2014年起审理五百多起齐良末、齐秉颐、齐来欢、齐展仪诉湖南美术出版社有限责任公司、天津市超越世纪图书商贸有限公司侵害著作权纠纷案，法院以涉案美术作品为基数计算案件数，所有判决认定事实基本一致，判决理由基本相同，判决主文实质相同。

遑论“不作否认表示”。其他继承人的起诉行为本身就是否认的表示，承诺禁反言原则也不适用于本案的其他继承人，事实基础与适用法条存在抵触情况。判决同时适用这两个法条也存在不协调之处，其他继承人的利益是什么，是否就是判决倾向的更有效率传播齐白石作品及更迅速获得经济利益，判决没有进行相应披露。现实中，即使众多继承人都同意尽快出版作品，对作品的出版社等事宜可能也会产生分歧。可见，该案中法院是以著作权立法目的——促进传播为决定性参考因素，对案件进行了有限回应，按照政策实施型司法对纠纷予以实质性解决。

在杨松云与日喀则地区行署修建灵塔办公室著作权纠纷案中[①]，双方就塑造十世班禅头像著作权归属发生争议，原告请求确认头像作品的著作权归其所有，一审判决泥塑头像的著作权归被告所有，驳回原告有关使用费、经济损失费的诉求，二审在法院查明事实部分即明确，修建的灵塔内需铸一尊班禅大师的银头像，在本院认为部分指出，涉案作品应为银头像，在其之前的泥头像以及为铸造银头像制作的模型，仅系银头像作品形成前的铺垫环节，并非作品本身。一审、二审法院对涉案作品的具体指向，意见可谓截然相反。泥头像是否因为过程性而失去独立性，不具有成为作品的资格？作者在创作过程中，智力成果的表达，可能有某一阶段的与最终的存在形式，不能简单的以结果吸收过程、整体吸收部分为标准，忽视、否认阶段性创作的事实。“法院应当从试塑的泥头像、放大的泥头像以及最后的银头像三者之间，在作品的结构、造型、表现

---

① 载《中华人民共和国最高人民法院公报》1999 年第 6 期，第 204-205 页。

手法等方面进行具体比对，确认它们是否实质上相同，从而判定它们是否属于同一作品抑或各自构成作品。”[①]

综上所述，著作权侵权案件裁判中，法官必须通过证据材料得出判断，清楚知晓自己正在审理的案件发生的具体情节，即“裁判性事实”，在此基础上，还应理解引发这一诉讼的情境，即“背景性事实”[②]。唯有突破信息的自我满足、自我封闭，才能看穿事实的表象，对技术发展引致的著作权侵权案件，尤其是新型、疑难案件，更快捷、更精准找到案件的要件事实，将法律适用建立在坚实的事实基础之上。

① 金海军：《知识产权实证分析[1]：创新、司法与公众意识》，知识产权出版社 2015 年版，第 131 页。

② 波斯纳对美国法官“缺乏好奇心”做出批评时提出，法官不仅要关注决定案件结果的“裁判性事实”，还需要关注涉及案件的“背景性事实”，即那些有助于理解交易、生意、当地文化、信仰系统、地理和案件的其他语境因素等属于自然和社会科学领域的事实。参见[美]理查德·波斯纳：《各行其是：法学与司法》，苏力、邱遥堃译，中国政法大学出版社 2017 年版，第 123-124 页。笔者认为，对著作权领域案件而言，背景性知识是理解裁判性事实的重要基础。

第三章　判决法律依据的实证分析

现实情境中，法律适用问题是涉诉当事人利益攸关所在，更是困扰法官的选择难题。“大量事实问题的解构与法律问题的解释使得法官不得不在许多可能的方式中作出选择，这种选择因为受到法官直觉和先验的影响而实际带有不同程度的主观性”[①]。著作权侵权纠纷不仅涉及常规案件和简单案件，也包括罕见案件和疑难案件，裁判依据的选择不是一个简单的找法过程，法官需要抽丝剥茧，找寻与涉诉案件精确匹配的裁判依据。有时候，裁判依据就像索尼案所显示的，不同的规则所引致的裁判结论和实际影响大相径庭，甚至截然相反，对罕见和疑难案件而言，裁判依据更是考验法官的实践智慧。沿用学界对法律

① 郭卫华：《“找法”与“造法”：法官适用法律的方法》，法律出版社 2005 年版，第 219 页。

判断证成的观点[①]，本章将著作权侵权案件的裁判依据以内部证成与外部证成而展开。

第一节 判决法律依据的内部证成

在我国的司法实践中，裁判适用的法律依据最多的无疑是法律规则。法律规则因具有较为明确的行为模式和法律后果的规定，其适用似乎不存在认知障碍。但是著作权侵权纠纷司法实践提醒我们，著作权立法是我国司法裁判的制度性约束，法官对法律规则的选择同样不容忽视。

一、法域分野的坚守与跨越

法学理论中，著作权法作为调整平等主体之间的立法，隶属于民法，作为调整智力成果的立法，其又具有特殊性的一面。理论上看似泾渭分明的划分，有时被法院在实践中无形跨越。在被称为“全国首例新闻单位之间对簿公堂案”的《广西广播电视报》社诉《广西煤炭工人报》社案中[②]，二审判决认为，《广西广播电视报》社通过协议有偿取得传播一周电视节目预告表使用权，应受法律保护。广西煤炭工人报社擅自转载，侵犯了广西广播电视报社的民事权益，二审判决适用的法律依据是《民法通则》第一百零六条第二款。

① 内部证成处理的问题是判断是否从为了证立而引述的前提中逻辑地推导出来，外部证成的对象是这个前提的正确性问题。参见[德]罗伯特·阿列克西：《法律论证理论——作为法律证立理论的理性论辩理论》，舒国滢译，中国法制出版社2002年版，第274页。

② 法院公布的纠纷缘由是电视节目预告表使用权纠纷。参见《最高人民法院公报》1996年第1期，第25-27页。

审理该案的审判长在接受采访时透露，原告以版权纠纷起诉，法院审查后认为，案件最本质的问题是如何看待电视节目预告表的使用。原告通过合同有偿取得使用权，应受法律保护。“对于公民、法人有偿取得的权利，别人却无偿享有这种权利的应该属于侵权行为”，应适用“《民法通则》等价、有偿、公平的原则”来调整该案①。

从公布的判决发现，该案裁判存在二分法与独创性的双重失察。二审法院在思维深处没有将电视节目与电视节目预告表予以区分，制作电视节目所付出的劳动与制作电视节目预告表所付出的劳动不仅在量上有多少之分，更重要的是在质上有本质区分②。从案件的公开信息可知，涉案的电视节目预告表并没有节目介绍，只是单纯的节目播出时间和节目名称，是对一周电视节目安排忠实而简单的反映。实效性是其生命，真正有价值的是特定时间段的信息。

一审法院依据国家版权局《关于广播电视节目预告转载问题的意见》③第一条，判定电视节目预告属预告性新闻范围，应视为时事新闻，原告对其不享有著作权。这是从事物分类角度做出的认定，法律基础依照是1990年《著作权法》第三条第二项，以国家版权局的行政规章作为实际支撑。

二审法院同样是以国家版权局的该行政规章为实际支撑，但是却采信该规

① 参见徐迅：《艰难三载诉讼——全国首例电视节目预告表使用权判决产生记》，载《当代司法》1995年第2期，第27-28页。

② 正如郑成思先生在评价本案时所说，用电视台安排（或编排）节目时的创作性劳动来解释报上登出的节目表中的“独创性”，还混淆了两部分可能完全不同的人的不同劳动。如果有朝一日“电视台”与“电视报”分家，将弄出更加打不清的官司。参见郑成思：《版权法》（下），中国人民大学出版社2009年版，第705页。

③ 【87】权字第54号“国家版权局关于广播电视节目预告转载问题的意见”，意见正文为：一、广播电视节目预告，应视为新闻消息，不属于版权保护的作品范畴。二、广播电视报应视为期刊，可以适用《图书、期刊版权保护试行条例》第八条之规定，作为一个整体，由其编辑部享有版权。三、广播电视报如认为有必要，可以声明：所刊节目预告只允许部分转载（例如允许转载当天和第二天的），但不得全部复制或转载。

章的第三条，得出了不同的法律结论。二审判决判定，《广西煤炭工人报》社承担法律责任在于其擅自转载行为，违反该通知规定。在违背行政规章与承担责任之间，不能进行简单的形式推理，违反即承担责任[①]。纵观国家版权局的规章全文，可以发现其中蕴含的系统性思维，在以“视为新闻消息”否定了广播电视节目预告的版权作品资格后，又明确了广播电视报的期刊地位及整体版权，最值得注意的是第三条实际上为广播电视报社留有余地，诉诸版权之路不通，可以寄期望于不正当竞争之路[②]。该案二审判决对规章条文的采纳，未能从规章全文对涉及条文进行体系解释，进而得到妥适结论。

二审法院最终以对民事权益的扩张解释，适用《民法通则》第一百零六条第二款判决，可谓是倒在最后一公里。以原告有偿取得有理、被告无偿享用违法作为裁判理由的核心，并没有击中被告行为的实质要害。判决书可以视为法官与当事人的异时对话，一方面是法官话语不断征服的进程，也是法官话语不断遭遇抵抗的过程。司法时的“充分说理”，既有可能不断地“驯服”对方的思考，从而实现征服，也有可能不断地“解放”对方的思考，遭遇抵抗[③]。本案以《民法通则》为裁判依据，以侵犯民事权益之名判决，从案件后续发展看，至少对案件被告判决“征服”的目的没有达到，还同时“解放”了被告方的

① 部分规章对法院没有约束力，只有参考价值，况且该通知是行政管理性质的，它虽然对出版业具有普遍约束力，但是不能为各地广播电视报创设一种“民事权利”。参见薛虹：《因特网上的版权及有关权保护》，载《知识产权文丛》（第一卷），第42页。

② 郑成思先生评论，不论当年起草该通知的具体人是否意识到，但是该通知确实含有禁止不正当竞争的内容。参见郑成思：《版权法》（下），中国人民大学出版社2009年版，第706页。

③ 参见刘星对宋鱼水司法经验时的分析，刘星：《司法的逻辑：实践中的方法与公正》，中国法制出版社2015年版，第130页。

思考[①]。

同样的情况出现在“安顺地戏”案的判决之中。一审法院首先认可了“安顺地戏”国家级非物质文化遗产的法律地位，判决从拍摄手法与电影创作规律的关联展开论证，认为涉案电影将“安顺地戏”作为文艺创作素材运用，对配器与舞台形式稍加改动，目的在于使表演形式符合电影创作需要，称其为“云南面具戏”，主观上并无侵害的故意与过失，客观上也没有产生歪曲、贬损、误导等负面效果。二审判决以署名权的法定定义为立论基础，将署名权的权利主体、权利客体与原告主张的“署名权”进行对照，原告诉称的“署名权”在权利主体、权利客体上没有法律基础，判决进而认定，涉案电影对“安顺地戏”的称呼行为并非《著作权法》意义上的署名行为[②]。在民间文学艺术作品相关立法尚未出台的情况下，二审法院将《著作权法》署名权的法律规定拓展至原告诉称的“署名权”，判决留下有些疑问需要澄清。民间文学艺术作品与作品，存在诸多不同之处[③]，二者的署名权是“标准之争”[④]，即表面上是言辞的但实际上是本质的论争，将《著作权法》上署名权的规定套用到民间文学艺术作品上，判决对原告的说服力是孱弱的。

---

① 败诉的广西煤炭工人报社到最高人民法院要求再审，该请求未能得到最高人民法院的支持。被告方的代理人孟勤国教授撰文质疑，认为著作权法上找不到保护电视节目预告表的法律依据，民法上更找不到保护电视节目预告表的法律依据。参见孟勤国：《也论电视节目预告表的法律保护与利益平衡》，载《法学研究》1996年第2期。

② 参见芮松艳：《非物质文化遗产的著作权法保护——评“安顺地戏”案》，载《中国版权》2011年第6期，第39-40页。文章作者为该案二审法官之一，文章尝试对判决中已阐明的判决理由做更为详尽的分析，从而使读者全面理解判决是如何作出的。

③ 参见刘春田：《中国知识产权评论》（第五卷）第151-308页“民间文学艺术作品保护专题”中的讨论，商务印书馆2011年版；崔国斌：《否定集体作者观——民间文艺版权难题的终结》，载《法制与社会发展》2005年第5期。

④ 参见[美]欧文·M·柯匹、卡尔·科恩：《逻辑学导论》（第13版），张建军等译，中国人民大学出版社2014年版，第99页。

在法律与案件判决间中等抽象程度上，法律教义学阐释了判决规则，当法教义学被贯彻之时，它同时事实上约束着法官，归功于其稳定化和区别化功能：它使得问题变得可决定，它缩小了可能的判决选择的圈子，刻画了问题的特征，并将之系统化，提供了论证模式①。

二、立法目的规制与研判

有学者曾将著作权之难归因于规制对象的不确定，因为它缺少"一个唯一的、具有广泛共识的宗旨"，同样是面对已经注满一半的著作权水杯，著作权乐观派是得陇望蜀，"还等着进一步把它加满"，著作权悲观派是欲夺固予，将著作权保护超越激励所必需的程度"均属于侵占了人人皆得随心所欲言说与写作之一般自由"②。

这样的类比有助于我们形象地认识问题，实质上可称之为多目标竞争。《著作权法》第一条明文规定立法宗旨③，保护、鼓励、促进，三个立法目标似乎可以并行不悖。在抽象意义上三者似乎和谐兼容，司法裁判追寻和谐共荣的进程中，处理具体个案时则三个目标可能出现不一致的导向，司法处理稍有不慎就可能导致裁判的走向偏颇。

有学者提出，著作权法有三个层次的立法目的，保护、鼓励是基础目的，促进作品公正利用是高级目的，促进文化发展则是最高级和最终目的。"当法

---

① [德]考夫曼、哈斯默尔：《当代法哲学和法律理论导论》，郑永流译，法律出版社2001年版，第285页。
② [美]保罗·戈斯汀：《著作权之道：从古登堡到数字点播机》，金海军译，北京大学出版社2008年版，第11页。
③ 保护文学、艺术和科学作品作者的著作权，以及与著作权有关的权益，鼓励有益于社会主义精神文明、物质文明建设的作品的创作和传播，促进社会主义文化和科学事业的发展与繁荣。

律规范的解释相互之间出现矛盾和冲突时，须以目的解释进行最后判断，而以目的解释进行最后判断时，又须以第三个层次的立法目的，即促进国家文化发展作为最终的评判标准。”[①]

法律赋予著作权人对其作品的著作权，著作权人提供社会以作品之间，可视为形成了一种对价关系。只是这种对价并非像普通合同那样，合同主体、合同内容相对明确、具体，合同的公平、公正与否判断较为容易。著作权存续期间的长时间跨度，著作权人的私权、私人利益与社会的公共领域、公共利益可以达到长期动态均衡，制度设计的初衷得以实现。就著作权侵权个案而言，如果法律规范存在复数解释的情形，应对三个立法目的的适用进行综合考量，不存在某一目的解释上的优越地位。

在权利人行使权利的不明确之处，我国法院倾向于认定可以行使权利，不被严格解释所束缚。最高法院公报案例中涉及著作权共有人处分案明确表达了这一态度。中国音著协与深圳清华深讯著作权侵权纠纷案中，作者施光南早已去世，其妻洪如丁将涉案音乐作品委托原告行使有关权利，一审法院判决认为，“由于原告没有出示遗嘱继承或者除其妻子洪如丁外的第一顺序其他继承人（包括父母、儿女）明确放弃继承或授权洪如丁办理委托事项的相关证据，其妻子洪如丁对原告的授权在形式上存在瑕疵，就该音乐作品，对原告的主张不予支持。”[②] 二审法院则基于同样的事实，进行了不同的法律评价：“洪如丁作为施光南第一顺序的法定继承人之一，其为维护施光南音乐作品免受他人侵

① 李扬：《知识产权法基本原理（II）——著作权法》（修订版），中国社会科学出版社 2013 年版，第 13 页。
② 参见广东省深圳市中级人民法院（2003）深中法民三初字第 71 号民事判决。

犯，而与上诉人签订的《音乐著作权转让合同》及《补充协议》，并未侵犯施光南其他第一顺序法定继承人的合法权益，反而更有利今后施光南音乐作品著作权财产利益的实现，故对洪如丁的积极作为应依法予以支持。至于因施光南音乐作品著作权而产生的财产利益如何分配，应由施光南的第一顺序法定继承人协商解决，或通过其他合法途径解决，属另一法律关系，与本案无关。原判认定事实基本清楚，但以洪如丁对上诉人的授权在形式上存在瑕疵为由，而对施光南的音乐作品著作权在本案中不予保护，依据不足，应予纠正。"[①] 从保护权利、鼓励传播、促进文化的立法目的，对洪如丁的授权行为上的瑕疵进行解释，三个目的均可得到肯定结论，相较于一审判决对权利基础刻板的解释，该案二审判决解释合乎目的解释。

美国的司法进路对我们有借鉴之处。伴随宪法第一修正案和正当程序条款，美国版权法越来越显示出其在宪法上的意义。当然，版权法涉及远不止这些方面。现代美国社会中，版权法的独特性有时表现为由娱乐产业对立法机关施加的经济影响，形成全球性的限制版权扩张的运动，"知识产权合宪性问题已经主要聚焦于版权和宪法第一修正案的关联。"[②]

Eldred案集中体现了这一点[③]。有学者认为，美国司法界19世纪的警觉给予公共领域的遗产，现在似乎要从立法积极的监管中退却到对公众的损害，在许多人看来，立法在重新定义作者与公众的版权契约。表面上看，最高法院依然

---

① 参见广东省高级人民法院（2004）粤高法民三终字第 137 号民事判决。

② See Neil W. Netanel, *Locating Copyright Within the First Amendment Skein*, 54 STAN. L. REV.1（2001）; Eldred v. Ashcroft, 537 U.S. 186（2003）.

③ Eldred v. Ashcroft, 537 U.S. 186（2003）.

坚守宪法版权条款。法庭对依据版权条款的立法遵循严格的文本主义路径，这种遵循与统领19世纪的版权案件的写实主义相调和。但是，19世纪案件反映的版权属性的关注今天已经不再那么突出。“法院在Eldred、Dastar、Tasini案件中表现出显著的谨慎保守主义，主要由于法院在版权法律解释中坚持写实主义，放弃探究版权条款背后的原始意图。”①

从历史的视角来看，原旨主义和文本主义必须均衡，法院要认真考虑版权条款的含义和目的。“通过省略对版权社会福祉影响的实质性分析，反而尊重国会的制度上的资格能力，法院没有从事其非常令人敬畏的、必要的工作，换句话说，决定与版权条款基本前提一致的国会权力的适当范围。”②

早期美国法院认真对待版权条款的目的，经常调用这些目的作为分析争议法规合法性的前提。一部法规应该根据根本的宪法授权范围来评价，该范围由特定的解释方法决定，法院在特别的主题领域如何看待自己的角色。“似乎现在的美国法院把版权首要的视为经济规制的一部分，通过内置机制重新调整纠正第一修正案的关系。但是版权条款可能包含较少探索的宪法蕴涵的问题事项，其只有版权的宪法视角才能有助于阐明。”③

将美国宪法版权条款视为“高级法”，不能提供极其重要的审视版权条款

---

① Ruth L.Okediji, Through The Years: The Supreme Court and The Copyright Clause, 30 Wm.Mitchell L.Rev.1637(2004).

② 时任首席大法官伦奎斯特指出，“无疑政治分支在解释和适用宪法中拥有角色，但... 联邦最高法院保留有对宪法文本的最终解释权”。See United States v. Morrison，529 U.S.598，616（2000）.

③ 例如，授予外国版权人更强的版权保护是合宪的吗？在美国，以何种方式恢复才是提高“进步”？将版权保护扩大到口头文学或民间传说是否违反版权条款？版权法“固定”的要求一般被认为是符合版权条款中宪法用语“作品”，但是，没有国际条约要求“固定”以获得版权保护。如果国会想要消除“固定”要求，承认现存的或国内少数群体产生的创造性表达，这些群体的文化传统根植在社区性，分享世代口头相传的传统，那么这样的法规合乎宪法吗？如果国会依据国际协定通过法规，能顺利通过宪法的泥沼吗？美国学者还是对法规是否能经过版权条款的测试表达了疑虑。See Ruth L.Okediji，Through The Years：The Supreme Court and The Copyright Clause，30 Wm.Mitchell L.Rev.1638-39（2004）.

的宪法视角，其忽视了下面的事实：像其他的经济管理规则，版权法可能以给予特定价值、文化、传统和表达类型高于其他一些价值的特权，它以破坏建立在平等保护或正当程序条款的其他宪法理想的方式来进行。“严格视为经济规制的一种形式，版权立法的宪法分析明显缺乏对当代及后世提出版权深刻的文化、政治、社会、经济重要性。这种近视的版权视角也忽视发展中的运用外国事项权力在国内版权政策中完成挑战。”[①]同时，对现代版权法发展存在不利影响，特别是公共领域中法院作用的体现。

在发明和作品的保护方面，美国联邦最高法院在“哥德斯坦”一案中指出，宪法的“版权条款”确实是要确立一个全国统一的制度。但是，这并不表明所有的作品都具有全国的重要性，或者州法在任何情况下都不能提供对于作品的保护。对于某些仅具有本地重要性的作品，各州可以给予版权保护。在这方面，不存在将所有的作品都纳入联邦保护的范围而州法不能授予版权的僵硬结论。联邦最高法院还指出，国会在制定1909年版权法时，还没有出现简单易行的翻录技术，所以没有将录音制品纳入版权法保护的范围。但这并不表明录音制品不应当受到保护，也并不表明在联邦法尚未提供保护时各州不得提供保护[②]。美国提供了联邦法和州法两个体系的保护。

录音制品，擅自将他人作品上传网络，同样是面临立法没有明文规定的情况，中美法官的做法形式上虽有不同，实际上却很相似，都没有简单的以“法

① 加利福尼亚地方法院的法庭意见回避了条约权与版权条款的交叉点，在版权条款下评价乌拉圭回合实施立法的合宪性。法庭适用 Eldred 规则，判定根据乌拉圭回合协议法第514条外国作品版权恢复“没有逾越版权条款下国会的权力”。See Luck’s Music Library Inc. v. Ashcroft，Civ. Action No. 01-2220，2004 WL1278070（D.D.C. June 10，2004），at 1，8-9.

② 李明德：《美国知识产权法》（第二版），法律出版社2014年版，第5-6页。

律没有明文规定”为由一推了之，而是进行了利益衡量，得出了应予保护的结论。在案件的被告看来，法无明文规定即自由，立法没有将录音制品纳入版权法中，没有明文禁止擅自将他人作品上传网络，就意味着自己行为合法。

著作权侵权案件法官找法的技术可总结为穷尽法条、逐条思辨，国内法源、国际参考。著作权法的概念、术语的解释，很多时候要依赖国际条约的相关解释才能准确理解，国际条约间接影响司法判决走向，这是著作权司法领域中较为独特之处。广播权就是一个实例。有判决因误解著作权法中法律用语的真正含义而导致案件出现方向性错误[①]。

王蒙诉世纪互联通讯技术有限公司著作权纠纷案，案件被作为典型案例入选《最高人民法院公报》，最高人民法院在制定司法解释时吸收了该案判决的主旨，明确了作品通过网络向公众传播属于《著作权法》第十条规定的使用作品的方式[②]。在最高人民法院指导性案例出现之前，这是一个案例所能得到最高评价、发挥最大影响力的示例。案件审理所适用的裁判路径，一直为法院系统所称道：对立法后出现的没有被当初立法者所考虑到的新情况，“由法官在裁量的基础上拟制了立法意图”，“以著作权的法律属性和立法精神、在互联网上保护著作权的必要性等为基础”拟制客观意图，是与时俱进的客观解释[③]。

学界对此的异议是，法院关于设立此类权利必要性的裁判解释也许有一定

① 如，关于计算机程序的“修改权”，可参考欧共体《计算机程序保护指令》第四条第二款、《伯尔尼公约》第十二条，参见王迁：《论软件作品修改权——兼评“彩虹显案”等近期案例》，载《法学家》2013 年第 1 期，第 138 页。

② 2000 年《关于审理涉及计算机网络著作权纠纷案件适用法律若干问题的解释》第二条第三款。

③ 孔祥俊：《论两个效果统一与防止机械司法——以知识产权审判为例的方法论思考》，载《人民司法》2008 年第 10 期，第 15 页。

道理，但是法院如此创设权利违背立法精神[①]，王蒙案中，通过当时著作权法的“复制权”“发行权”就可能为权利人提供有效的救济，或者，当事人可选择共同侵权规则来追究网络内容提供商的责任[②]。

对于是否给予王蒙等作者以著作权救济，法院与学界的认识基本一致。同样是通过“对等”进行扩充解释，审理案件法院的司法进路是对立法意图进行客观解释，学者主张可通过复制权、发行权进行。关于著作权人享有的财产权，当时有效的1990年《著作权法》第十条第五项规定[③]较为简单，1991年的《著作权法实施条例》第五条中第一项、第五项，分别解释了复制权、发行权的具体含义[④]，如果将作品通过网络向公众传播列入复制权的范围，那么网络传播须在复制、发行的文义“预测可能性”之内[⑤]，显然网络技术与列举的印刷等电子技术差异巨大，超出了文义的预测可能性范围，不适合如此扩张解释，只能进行目的性扩张。

欧洲的案件也给予我们立法目的对司法裁判的指引。维克多·雨果的继承人认为，出版《悲惨世界》的续集侵害了作者永恒的精神权利，尽管作品已经成为公有领域的一部分，但法国最高法院2007年判决驳回了该项诉讼请求。法院引用了《欧洲人权条约》第10条，给予了作者创作自由的优先权，认为“在

① 学者担忧的是，法院完全可以依据同样的逻辑将著作权的权利内容扩展到所谓的出租权、进口权、作品形象的商业化权、作品标题的控制权等等。这样一来，著作权法通过一系列精细的制度安排所建立起来的利益平衡机制就可能被法院轻易打破。参见崔国斌：《知识产权法官造法批判》，载《中国法学》2006年第1期，第156页。

② 崔国斌：《知识产权法官造法批判》，载《中国法学》2006年第1期，第156页。

③ “使用权和获得报酬权，即以复制、表演、播放、展览、发行、摄制电影、电视、录像或者改编、翻译、注释、编辑等方式使用作品的权利；以及许可他人以上述方式使用作品，并由此获得报酬的权利。”

④ “复制，指以印刷、复印、临摹、拓印、录音、录像、翻录、翻拍等方式将作品制作一份或者多份的行为。发行，指为满足公众的合理需求，通过出售、出租等方式向公众提供一定数量的作品复制件。”

⑤ 参见杨仁寿：《法学方法论》，中国政法大学出版社1999年版，第136页关于扩张解释与目的性扩张的论述。

垄断实施权到期后，创作自由可以对抗作品的作者或其继承人阻止创作续集的行为”①。从我国著作权法角度看，在著作权人获得了保护期内的经济利益之后，保护作者经济利益的立法目的已经达到，作品进入公共领域，为促进文化发展与繁荣的立法目的，著作权人不能以保护作品完整权等精神权利阻止他人对作品进行演绎，著作权人的精神权利在此情形下应受到限制。

三、过错判定的发展与流变

依据《侵权责任法》第六条第一款的规定，过错责任为归责原则，规制实践中因过错侵害他人民事权益的行为②。我国现行《著作权法》第五章“法律责任和执法措施”中，“侵权行为”的立法用语表明了立法机关对侵犯著作权及邻接权的行为定性，限定了侵犯著作权及邻接权的行为的构成要件。过错在判定是否侵犯著作权时至关重要，对过错的裁判认知不能仅仅停留在法条层面，需要深入历史，了解其发展变迁，形成全面、准确的裁判思维，美国版权法中关于过错的理论与实践为我们提供了参考的素材。

在美国，长久以来，存在两个原则让一个主体为他人进行的版权侵权负责：共同侵权和替代责任（contributory infringement and vicarious liability）。这些原则源自普通法的侵权（tort）③。然而，这些原则早已偏离了其普通法源头，发

① [法]克里斯托弗·盖格：《欧盟层面上版权基本权利维度》，载[英]埃斯特尔·德克雷主编：《欧盟版权法之未来》，徐红菊译，知识产权出版社 2016 年版，第 29 页。

② 在该法起草过程中，关于采取何种归责原则，有主张一原则、两原则、三原则等观点，参见全国人大常委会法制工作委员会民法室：《侵权责任法立法背景与观点全集》，法律出版社 2010 年版，第 154 页。无论采取何种归责原则，现实中占比最多的都是过错侵权行为。

③ *See, e.g.*, Ted Browne Music Co. v. Fowler，290 F. 751，754 （2d Cir. 1923） （"Courts have long recognized that infringement of a copyright is a tort." “法院一直认为版权法的侵权是一种侵权”）.

展出其独特的规则和术语[①]。可以说，版权侵权（infringement）与侵权（tort）已经是同源异流。

当一个人主观上知道和客观上实质性有助于他人的侵权行为时，就会出现共同侵权。美国联邦最高法院早在1908年和1911年就已经认识到了共同侵权[②]，在上世纪七十年代该原则稳定建立起来[③]。共同侵权原则随着“知道”的解释而延伸到包括实际上知道和应当知道[④]，近来第九巡回上诉法院认为只提供在线服务可能符合该原则要求的“实质性帮助”[⑤]。但是，该原则准确的界限至今仍不明确。

替代责任起源于雇用和独立合同环境中，建立在一般性雇主责任的代理理论基础之上。在 *Shapiro* 案中，替代责任扩展至对侵权有直接经济利益和“有权利和能力监督”的所有案件中[⑥]。替代责任的实质性膨胀发生在最近二十年，通过对“直接经济利益”的解释从而得以实现。Fonovisa 案判决认定旧货交换市场组织者对市场中侵权产品销售拥有“直接经济利益”，即使组织者收取的费用与销售收入没有任何关联[⑦]。在 Napster 案中，法院认为，即使被告没有盈利，因这种利润可能将来存在，也满足“直接经济利益”要求[⑧]。

许多适用共同侵权和替代责任的案件趋向于使用令人困惑的相似的理由和

---

① *See* Charles W. Adams，*Indirect Infringement from a Tort Law Perspective*，42 U. RICH. L. REv. 635，637 n.8（2008）.

② *See* Scribner v. Straus，210 U.S. 352（1908）；Kalem Co. v. Harper Bros.，222 U.S. 55，62-63（1911）.

③ *See*，*e.g.*，Fonovisa，Inc. v. Cherry Auction，Inc.，76 F.3d 259，264 （9th Cir. 1996）.

④ *See* Casella v. Morris，820 F.2d 362，365（11th Cir. 1987）.

⑤ *See Ellison*，*357* F.3d at 1077.

⑥ *See* Metro-Goldwyn-Mayer Studios，Inc. v. Grokster，Ltd.，545 U.S. 913，930（2005）. 判决指出，当被告直接从版权侵权中获利，有权利和能力监督直接侵犯版权者时，替代责任可施加给被告。

⑦ Fonovisa，Inc. v. Cherry Auction，Inc.，76 F.3d　263-64.（9th Cir. 1996）.

⑧ A & M Records，Inc. v. Napster，Inc.，239 F.3d 1023（9th Cir. 2001）1023.

修辞，这无疑掩盖了两个原则的不同之处[①]。这种混淆令人担心，立法者将忽视证明一项特定原则的所有因素，使被告服从于建立在源于这些原则混合之上的责任，实行更宽泛的对责任的行为分类，超出最初的设想。“有意诱使或鼓励直接侵权的共同侵权”的表达即是一例[②]。

共同侵权和替代责任是间接责任法基本的范例。关于技术提供者的间接责任标准源于共同侵权和替代责任。技术进步，通过技术工具侵权变得日益扩散，这个范例开始破裂。曾几何时，版权侵权可以通过聚焦于侵权行为足以处理，数字世界是截然不同的情形，每一个接收者不仅有能力解码和完美复制原告的版权复制件，还有能力再传送完美的复制件。“这个过程是指数的而非线性的。”[③]

相应地，法律寻求在源头阻止侵权，在技术环境外发展起来的间接侵权，似乎是让技术提供者对其技术被用户滥用而负责的适当工具。“索尼案是第一个美国联邦最高法院判决适用间接责任于技术——机器的功能而不是人的行为”[④]。

事实上，间接责任原则适用于技术提供者可能产生不同影响。技术，尤其是数字技术，被传播给全世界范围内无数的使用者。早期案件中，侵权发生在直接侵权人与间接侵权人之间存在合同的（或者其他的）关系，技术领域的侵权通常没有这样的联系。这些促使改变了版权法适用于间接侵权人的方式，使得技术设计必须结合版权考虑。

---

① *See* Douglas Lichtman &William Landes，*Indirect Liability for Copyright Infringement：An Economic Perspective*，16 HARv. J.L. & TECH. 395，404）. 该文作者认为，Napster 案的分析似乎模糊了界限，共同侵权要求可归责的一方知道直接侵权行为，替代责任要求可归责的一方对特定侵权人有控制力。

② *See Grokster*，545 U.S. at 930. 这个解释遗漏了物质帮助、因果关系、知道等要素。

③ Universal City Studios，Inc. v. Reimerdes，111 F. Supp. 2d 294，331-32（S.D.N.Y. 2000）.

④ *See Miles*，*supra* note **30**，at **23.**

况且，判决一个人承担间接责任只是限制案件中特定的侵权行为，判决一项技术承担间接责任就可能一并排除了这项技术——它的侵权功能与非侵权功能。日益增长的版权实施的代价可能对电子产品的销售产生干扰[①]。这不仅表现了对身处争议的特定技术的现实风险，而且通常还对创新产生了令人恐惧的影响。潜在的创新者可能会气馁，因为自己创造出了一项最终被排除的技术[②]。因此，当适用于技术时，间接责任原则的定位不是在其自然范围，在一系列确定的环境中指导行为，而宁可说是总体上规制技术设计。有学者指出，“我们是多么欣喜的看到联邦法庭使用版权法来为新技术设定市场准入政策！”[③]

索尼案中，共同侵权诉求的基础是被声称侵权行为是 VCR 用户做出的，包括建立节目档案为重复观看。地方法院拒绝了原告方的直接和共同侵权诉求。法院指出没有证据显示对电影公司的商业损害，盗版的非商业性复制通常是不予禁止的，或者至少构成合理使用，几乎不可能强制执行[④]。

原告不服提起上诉，上诉法院多少迎合了他们的部分期望，第九巡回法院变更了地方法院关于共同侵权的裁定，认可 VCR 可能产生的减少潜在市场的累积影响[⑤]。但是，上诉法院并没有改变地方法院索尼公司没有从事直接侵权的

---

① *See* Lichtman **&**Landes，*supra* note **27**，at **397.**

② *See*，Matthew Fagin et al.，*Beyond Napster：Using Antitrust Law to Advance and EnhanceOnline Music Distribution*，**8 B.U. J.** Sci. **& TECH.** L. 451，**500**（2002）.该文作者认为，“发行技术领域的创新将明显衰退，如果潜在的新创新者被法律诉讼威胁而感到寒心，或者相信他们将无法为他们的网络获得作品许可”。MarkLemley **&**R. Anthony Reese，*Reducing Digital Copyright Infringement Without Restricting Innovation*，**56 STAN.** L. REv. 1345，**1388**（2004）. 该文作者认为，“过高和高于对创新的直接限制，对创新者进行诉讼或刑事起诉的威胁可能阻止大量的创新，其中一些技术毫无疑问将是合法的。”

③ *See* Tim Wu，*The Copyright Paradox*，**2005 SUP. CT.** REv. **229**，**231**（**2006**）.

④ Universal City Studios，Inc. v. Sony Corp. of Am.，480 F. Supp. 469（**C.D.** Cal. **1979**）.

⑤ Universal City Studios，Inc. v. Sony Corp. of Am.，***659* F.2d 963**，974（9th Cir. **1982**）.

判决，只是在共同侵权理论下施加给索尼公司责任①。

索尼公司向美国联邦最高法院请求复审，质疑认定其共同侵权的判决。两年后，法院以 5：4 表决结果，变更了上诉法院的判决，认定索尼公司不构成共同侵权②。判决建立在从专利法借用来的标准之上，当一项技术产品能够具有“实质性非侵权使用”时，该产品免于共同侵权责任③。法院发现 VCR 的通常用途是时间转移，就是录制一个节目方便以后某个时间观看。法院认为时间转移是合理使用，VCR 于是作为一种具有实质性非侵权用途的产品得到保护④。

布莱克门法官对判决持不同意见，他认为双重用途技术的标准应建立在它的实际而非潜在用途上，应建立在新技术可能产生新的潜在市场之上。因此，一项技术提供者将承担共同侵权责任，如果其不能证实技术的实质性实际非侵权用途，或者原告证明他们已经被剥夺了开发新市场的能力。布莱克门法官进而不同意 VCR 的实际用途是实质性非侵权。

乍看起来，索尼规则的即刻影响，与索尼案的通用产品原则，是“为具有实质性非侵权用途的技术创造了一个安全港。”⑤ 在多数学者中，该规则被广泛视为技术和消费者的胜利，是技术时代的“大宪章”⑥。与此同时，索尼判决也招致批评，批评针对的不是其判决结果，而是其分析过程。其中之一就是法院依赖专利法规则，建立在版权法与专利法之间的“历史亲属关系”。学者主

---

① *See id.* at **974-76**.

② Sony Corp. of Am. v. Universal City Studios，Inc.，464 **U.S.** 417，421（1984）.

③ *Sony*，464 **U.S.** at 434-36.

④ ***Id.*** *at454-56*..

⑤ Pamela Samuelson，*The Generativity of* Sony v. Universal：*The Intellectual Property Legacy of Justice Stevens*，74 FORDHAM L. REv. 1831，1850（2006）.

⑥ Jessica Litman，*The Sony Paradox*，*55* CASE W. RES. L. REv. 917，951（2005）.

张这种依赖是不必要的，认定时间转移是合理使用，对原告商业损害的证据缺乏，也可以得出同样的结论。“如果法院依靠普通侵权法而不是专利法，也能达到同样的结果”①。学者主张，索尼案判决忽视专利法与版权法关键的不同之处，包括其目的、法律历史、原则可能产生的产业影响。“专利法致力于提升技术创新，版权法则是提升文化和社会进步，显示了对技术传播的更谨慎立场，特别是当技术威胁到作品广泛传播盗版时。”②

另一些学者批评索尼案，因其宽松使用法律术语以至于原则的准确范围保持不透明，其适用成问题。“实质性非侵权用途”的朦胧用语（被简单定义为“商业性显著”）③，错误定义的合理使用原则已经使安全港不牢固。类似的，判决中通篇“共同侵权”和“替代责任”用语的交换性使用④，导致在适用索尼规则于替代责任时产生混乱。

这种模糊的结果之一，第七巡回法院将索尼规则适用于共同侵权与替代侵权，而第九巡回法院认为其限于共同侵权。在新近的 Grokster 判决中这种混淆再现，联邦最高法院又交换性使用这些原则⑤。索尼案，曾被推测创造了一个安全港，实际上可能种下了混淆的种子，直到今天依然影响版权间接侵权责任领域。“在作出索尼判决时，最高法院求助的侵权法而是专利法，这在版权原则

① *See Adams*，*supra* note 13，at 668.

② Peter S. Menell，*Indirect Copyright Liability：A Re-examination of Sony's Staple Article of Commerce Doctrine* 1，U.C. Berkeley Pub. Law &Legal Research Working Paper Series，Paper No.682051，2005.

③ *Sony*，*464* U.S. at 442.

④ *See*，*e.g.*，*id.* at 435.“替代责任实际上适用于法律所有领域，共同侵权概念仅是确定情形更广大问题的一个种类，只用以判定一个主体对另外一个的行为负责。”

⑤ *See* Metro-Goldwyn-Mayer Studios，Inc. v. Grokster，Ltd.，545 U.S. 913，930 （2005）.

领域造成了不必要的扭曲。”[①]

法院内部的判决形成过程可能是导致这种结果的一个因素。起初，只有四个法官投票同意给予索尼公司复审令，布莱克门是其中之一，在他的异议中暗示，他想确认和加强第九巡回法院的判决。尽管最初五个法官宁愿维持第九巡回法院的判决，在讨论的过程中奥康纳法官加入了另一方阵营。布莱克门法官的草稿，起初是作为多数意见撰写的，后来变成了异议，而斯蒂文斯法官的异议则成了多数意见[②]。这样的过程无疑需要妥协，法律规则的明晰自然成了意外事件[③]。

法院实际上扩充标准的发展。索尼规则的模糊性使其难以追随，易于操纵篡改[④]。有学者论证了法院一贯回避索尼规则。他们指出，第五巡回法院的 Vault 案判决，被国会否定，两个下级法院的 Grokster 案判决，被联邦最高法院否定，这些是仅有的采用索尼案作为一个有效安全港的案件[⑤]。索尼案之后所有其它间接侵权的案件，其安全港总是被宣布但从没有实际适用。不仅遵循索尼规则使版权人卷入太高风险，而且其非常易于逃避，原因在于考虑到索尼规则本身非常模糊不清[⑥]。

在一起案件中，法院适用索尼规则，辨别了技术操作者与制造商的不同[⑦]。

---

① *See* Peter **S.** Menell and David Nimmer，**Judicial Resistance to Copyright Law's Inalienable Right to Terminate Transfers**，**COLUMBIA JOURNAL** OF LAW **&** THE ARTS，**Vol[33：2]**，at157.

② Jonathan Band **&**Andrew **J.** McLaughlin，*The Marshall Papers：**A** Peek Behind the Scenes at the Making of* Sony v. Universal，17 COLUM.-VLA J.L. & ARTS 427，432，446-47，448-50.（1993）.

③ *Id.* at 429，439-47.例如，斯蒂文斯法官的意见起初不是建立在合理使用上，而是基于私人复制不侵权的理论。最后，经过修改，结合与怀特法官提供的方案，以适应奥康纳法官的立场。

④ *See* Menell **&***Nimmer*，*supra* note **17**，at **177-88.**

⑤ *Id.*at **184-85.**

⑥ *Id.* at **173-88.**

⑦ RCA Records v. All-Fast Sys.，Inc.，594 F. Supp. **335**（**S.D.N.Y.** 1984）.

类似的，在另一起案件中，法院区分了索尼规则，提供者打算其产品将被用于侵权，即使索尼规则从没有关注提供者的意图[①]。于是，一案接一案，一点一点的，事实上和法律上的间接侵权标准分流了，到了索尼规则已经演化成仅仅是一个讨论起点，最后的结论可能与其大为不同。

法院对P2P技术兴起的反应强化了这种趋势，努力扭转索尼规则朝向过于宽大而不适用于P2P技术的无形场域。有时，法院发现间接侵权责任不只是P2P领域帮助版权执行的重要工具，反而是阻止侵权的专有道路。"当一个广泛分享的服务或者产品被用于从事侵权时，不可能有效地对所有直接侵权人实现版权作品的权利，唯一实际的替代选择是反对间接侵权复制设施的经销商。"[②] 第九巡回法院的Napster案判决，第七巡回法院的Aimster案判决，尤其是联邦最高法院的Grokster案判决，都代表了这种倾向。

Napster案，版权人起诉文件分享服务者传播软件程序，程序绝大多数被用于交换享有版权的音乐。Napster的地点没有存储任何版权内容，其提供存在用户硬盘上的文件索引，使软件使用户能够复制和分享。因此，原告没有提起针对Napster的直接侵权诉求，而是起诉它共同侵权和替代责任。在答辩中，Napster主张适用索尼案规则。Napster强调其软件的实质性非侵权用途，也就是可以传输没有版权的文件，有授权的传输，推销新的艺术家。地方法院拒绝了这项论证，集中在Napster的实际侵权使用上[③]。

① Cable/Home Commc'n Corp. v. Network Prods.，Inc.，**902 F.2d 829**，846（**11th** Cir. **1990**）.
② *See Grokster*，545 **U.S.** at **929-30.**
③ **A &**M Records，Inc. v. Napster Inc.，**114** F. Supp. **2d** 912（**N.D** Cal. 2000）.

上诉中，第九巡回法院确认了临时禁令，尽管与地方法院的论证推理不同。从两个方面对索尼规则进行了狭义再解释。首先，法院创造了一个服务与技术之间的区别，定位在前者，索尼规则只是排除了建立在应当知道基础上的共同侵权。因此，法院发现原告在共同侵权诉求方面占优势。其次，法院判定索尼规则不适应于替代责任情形，原告获胜也在于替代责任方面[①]。

回顾历史，依索尼规则的严格解读，索尼规则本身可能逃脱不了间接责任[②]。为了强化版权执行，Napster 案实质性减少了索尼规则的安全港庇护，排除其适用于服务和替代责任的案件[③]。

索尼案的安全港在 Aimster 案中被进一步侵蚀。Aimster 是一项文件分享服务，以即时信息结构运行，本质上允许聊天室的同时用户交换文件。在 Napster 案判决之后，Aimster 提起了宣告合法性的救济，美国唱片业协会（RIAA）与一些唱片公司和版权人一起，提起了共同侵权和替代责任的反诉[④]。

与 Napster 相似，Aimster 特意提出适用索尼规则。与 Napster 一样，该主张同样被拒绝。地方法院在两方面对索尼规则进行了辨别。首先，缺少实质性实际非侵权用途；其次，区别了不连续的产品与不间断的服务[⑤]。值得注意的是，判决所展示的分析不符合索尼案的法律标准，索尼规则是建立在技术非侵权用途的能力之上。

案件上诉时，虽然建立在不同判决基础之上，第七巡回法院依然确认了地

① **A &**M Records，Inc. v. Napster，Inc.，**239 F.3d**at **1020-23.**（9th Cir. 2001）.

② Lemley **&***Reese*，*supra* note **39**，**1357-58.**

③ *Napster*，**239 F.3d** at **1020-23.**

④ *See In re* Aimster Copyright Litig.，334 **F.3d** 643-46（7th Cir. **2003**）**.**

⑤ *In re* Aimster Copyright Litig.，**252** F. Supp. **2d** 634，**653**（**N.D.** Ill. 2002）.

方法院的判决。法院拒绝了 Aimster“因内设编码加密而不能辨别侵权行为”的辩解，认为该加密是“有意失明”。而且，法院认定不间断的服务只在没有合理成本的替代设计时，才有资格进入索尼案的安全港[①]。这个要求源于间接侵权的普通侵权法，但是索尼案的多数法官没有采纳，尽管不同意见在评议案件时曾经提出[②]。

Aimster 案，像以前的 Napster 案，创造了超越索尼案的障碍。即使这些意见每一个是从不同角度侵蚀索尼规则，它已经使得将来的创新者不可能拼凑完整的规则。例如，Napster 将索尼规则解释为授予给服务比产品更少的保护，而 Aimster 则平等的适用于二者。另一方面，Aimster 适用要求减少对原告的损害和有意失明理论，Napster 没有施加这样的限制。将来的创新者不能预测未来诉讼裁判，不清楚不同的标准。伴随变化的定义和流动的界限，索尼规则将变得更模糊。

2005 年 Grokster 案中，联邦最高法院本可以清理模糊的氛围，结果反而强化了一个可扩充的、不可预测的标准，使法律不确定性达到更高水平[③]。案件中，被告 Grokster 传播的免费文件分享软件招致音乐和电影版权人的间接责任诉讼。不同于前辈们，被告使用无中心服务，其地点没有文件名称索引。它仅有的与用户联系就是下载软件这个点。相应地，在地方法院和第九巡回法院，被

---

① *In re* Aimster Copyright Litig.，334 **F.3d**643，656，650-53（7th Cir. **2003**）.

② *See* Sony Corp. *of* Am. v. Universal City Studios，Inc.，464 **U.S.** 417，494（1984）.“即使现在没有适当的救济，法院不能曲解版权人的权利，在某种意义上，阻止其实施权利，通过更好技术的发展，适当的救济变得可能。”

③ Lital Helman，Pull Too Hard and the Rope May Break：On the Secondary Liability of Technology Providers for Copyright Infringement，TEXAS INTELLECTUAL PROPERTY LA WJOURNAL，[VOL.] 19：111.

告受到了索尼案安全港的保护①。

联邦最高法院否定了第九巡回法院的判决。尽管表面上支持索尼规则，法院不愿意适用其到关键点上，因为被告行为实在过分。这样的行为包括做广告，将自己的服务与非法的 Napster 比较，显示版权作品轻松可得；内部材料表明其意欲允许版权侵权；广告收入的从属性（一种建立在大量用户基础上的模式）；缺乏任何过滤机制。将这些因素联在一起，法院认定其相当于引诱版权侵权，否定了被告的索尼规则的适用请求②。

不仅 Grokster 案没有帮助澄清前面的法律，案件判决本身也通向不同的解释。有判决视引诱责任是共同责任的一个亚种，“责任也能在积极鼓励或引诱侵权上预测，或者发布一个传播侵权用途的产品。”③ 也有判决视引诱侵权为第三种责任，在共同侵权与替代责任之外独立的原则。“版权法有三种针对第三方责任的不同原则：替代责任，共同侵权，引诱侵权。”④ 产品实际上被用于侵权还是不明确。在解释 Grokster 案判决时，产品将被用于侵权的意图可能满足责任依附⑤。更狭义的解释发现，除了提供者的意图，构成责任要求有鼓励侵权的积极步骤⑥。

表面上，Grokster 案的结果是创设了一个索尼规则的例外，案件中提供者

---

① Metro-Goldwyn-Mayer Studios，Inc. v. Grokster，Ltd.，545 U.S. *(2005)*.

② *Id. at* 936-40.

③ Perfect 10，Inc. v. Amazon.com，Inc.，487 F.3d 701，726（9th Cir. 2007）.“责任也能在积极鼓励或引诱侵权上预测，或者发布一个传播侵权用途的产品。”

④ *Adams*，*supra* note 13，at 636（"Copyright law has three separate doctrines for thirdparty liability：vicarious infringement；contributory infringement；and inducing infringement."）.

⑤ Jane C. Ginsburg &Sam Ricketson，Inducers and Authorisers：A Comparison of the US Supreme Court's Grokster Decision and the Australian Federal Court's KaZaA Ruling，11 MEDIA & ARTS L. REv. 2，5（2006）.

⑥ *See* Tim Wu，*The Copyright Paradox*，2005 SUP. CT. REv. 246-47. （2006）.

引诱侵权，当被告积极引诱版权侵权时，索尼规则甚至没有发挥作用。但是，案件的事实破坏了可能的明显解读。的确，索尼案中法院如果发现这样一个相关发现，本可以认定被告从事了引诱①。正如布莱克门法官在他的异议中指出的，索尼公司公开赞助号召录制节目和为多次观看创造私人录像图书馆的广告②。但是，索尼案中的重要因素不是制造商的意图，而是产品本身的特性。判决为了使产品被保护免于间接责任，产品“能够具有实质性非侵权用途即可”③。

Cornish 教授曾列举了普通法国家中是否承担从属义务的情形。如果有关人员在组织公众娱乐活动时雇佣了一些作为演出合同独立签约人的音乐人，且让受雇的音乐人自己挑选演出节目，这些人员则有授权或纵容侵权行为的嫌疑。因此这些组织人员应当事先从特定的演出权利管理机构取得有效许可，或要求音乐人取得相应许可。如果这个例子中的被告人除娱乐活动的组织者外，还有其他人员（例如演出大厅的所有人)，若大厅所有人仅仅是对演出曲目的选择“漠不关心”，其不应承担责任。澳大利亚某大学曾允许其图书馆内的读者使用馆内的复印设备，但却没有向他们提供版权法关于复印行为限制性规定的准确信息，也没有采取监督措施以防止侵权行为的发生，最后该大学被法院认定具有许可版权侵权的行为；其漠不关心的程度之大已经到了非承担相应责任不可的地步。另一个情况是，那些特为家庭录像行为提供复制设备或复制材料的人员极少被认为，是对已进行的行为或其所“允许”的行为进行了必要的控制。

---

① *See* Litman，*supra* note 59，at 360-61.
② Sony Corp. of Am. v. Universal City Studios，Inc.，464 U.S. 417，459（1984）.
③ *See id.* at 442.

某双面磁带录像机的制造商由于对版权义务给予了一定的注意，因此即使他在广告中宣传了产品的功效，也不存在许可他人对特定版权人权利进行侵犯的行为。以从属义务认定版权侵权责任，英国与美国不同。按照《英国版权、外观设计和专利法》的规定，允许侵权性的演出使用其所提供的场所的，为侵权性演出提供设施或设备的，都应当承担从属义务。美国的从属义务产生于授权权利，包含在连带侵权责任理论和替代责任理论，这两个理论相互区别但又有所重叠。当某人在知晓侵权行为的情况下，引起或导致了别人侵权行为的发生，或对别人侵权行为的发生起到了重要作用时，即产生连带侵权。当被告人对侵权行为的“监督权利和义务”与“使用版权作品而产生的明显的、直接的经济利益联系在一起的时候，即使被告人对版权专有权受侵害的事实不知晓，也会产生替代责任。承担连带责任或替代责任一定要有直接侵权行为发生”①。

第二节　判决法律依据的外部证成

一、法律冲突的迂回弥合

1990年《著作权法》制定时，我国立法奉行“宜粗不宜细”的思维，在一定程度上影响了法律的体系性。“我国特殊的国情和既有的制度设置，使得法院无权在民事案件的判决书中直接否定行政机关作出的确权行为，也便不敢直

① [美]保罗·戈尔斯坦：《版权法：国际版权原则、法律与惯例》，王文娟译，中国政法大学出版社 2006 年版，第 269 页。

接面对权利效力这一基本的私法问题。”[①] 法律规定有冲突时，裁判实质上考验法官的司法能力。

在社会科学文献出版社与张五常等著作权侵权纠纷案中[②]，一审法院认为，张五常与花千树公司签订的《协议书》中授予其对作品的出版独有许可使用权，但未授予修改权。社会科学文献出版社依据与花千树公司的《图书出版合同》，仅取得《随意集》在内地的出版和发行权，其他权利的行使，应征得张五常的同意。以此为立论基础，一审法院在著作权法语境进行论证，认定社会科学文献出版社未经作者授权，对作品擅自修改六处，侵犯作者著作权，依据《著作权法》第十条第三、四项、第四十五条第八项规定作出判决。从肯定作者享有修改权和保护作品完整权出发，严格依照著作权法关于修改权、保护作品完整权条文的规定，出版社如有违反，即为侵权。审理思路单行线式的，对出版社的编辑加工符合法律规定的抗辩不予置评。其中，出版社编辑加工一是纯粹文字或表达方式上的，二是改变作品中极个别违反国家法律和公共道德的内容。

二审法院确认的事实是，花千树公司看过作品内地修改稿但未明确表示同意，社会科学文献出版社修改内容未取得花千树公司同意。但二审法院并没有停留在未经同意即为侵权的论证上，而是将重点置于花千树公司与社会科学文献出版社的《图书出版合同》的解释，论证社会科学文献出版社的出版困境：双方合同中并没有明确约定此种情况的处理，要么社会科学文献出版社不修改

① 在有的国家（如法国和美国），法院可以直接在侵权诉讼中否定行政机关授予不当的商标权或专利权之效力。参见李琛：《论知识产权冲突的直接司法救济》，载吕国强等编：《知识产权办案参考》（第 2 辑），中国方正出版社 2001 年版，第 62 页。

② 参见广东省高级人民法院（2002）粤高法民三终字第 109 号民事判决、深圳中级人民法院（2001）深中法知产初字第 184 号民事判决。

作品中违背中国法律和社会公共利益的内容就出版发行，承担由此引起的法律责任；要么修改相关内容再行出版，承担违约责任及侵权责任；要么不出版，违背双方签订合同的目的，构成根本违约。如果认定社会科学文献出版社在花千树公司不同意的情况下无权对违背中国法律和社会公共利益的内容进行修改，那么无论社会科学文献出版社如何行动都要承担不利的法律后果。二审法院认为这样解释合同既不公平，也违背诚实信用原则。根据张五常与花千树公司签订的《协议书》第（二）、（三）条的约定，张五常将作品独有许可出版权授予花千树公司并保证作品不违背著作权法及出版法，花千树公司与社会科学文献出版社的合同中约定科学文献出版社负责确定发行作品不违背中国法律和社会公共利益，因此，二审法院认为，可以推定张五常已授权社会科学文献出版社在中国内地出版发行作品时有权修改、删除其认为违背中国法律和社会公共利益的部分，社会科学文献出版社所为并未侵权。二审法院脱离了著作权法语境，以双方的合同解释切入，在合同法语境下讨论社会科学文献出版社行为的合法性，综合运用了系统解释、目的解释、习惯解释、诚实信用原则解释，最后得出了不侵权的结论。

对违法作品的著作权问题，有绝对否定的观点，不承认作者享有著作权。著作权包括发表权，许可出版、播放等，但法律规定，对反革命宣传，要追究法律责任，并予以没收、销毁，对这类作品，当然就谈不上什么保护著作权[①]。

二审法院判决留下了几个疑问尚待破解：首先，张五常与花千树签订的《协

① 顾昂然：《新中国第一部著作权法概述》，载《中国法学》1990 年第 6 期，第 56 页。

议书》，合同签订地是哪里？从张五常的起诉来看，花千树公司将其在香港地区出版的《随意集》授权社会科学文献出版社在内地出版，似乎是在香港签订的合同。香港的《版权条例》第 IV 分部规定精神权利不可转让。两审法院都没有在判决中对此进行说明，而这些事实可能从根本上影响案件的定性走向。

其次，涉案作品的修改权、保护作品完整权为谁所有，由谁行使？一审法院认为属于张五常，因为张五常与花千树签订的《协议书》中授予的是出版独有许可使用权，但并未授予修改权。社会科学文献出版社依据其与花千树的合同，仅取得作品在中国内地的出版权和发行权，其他权利的行使应征得张五常的同意。二审法院归纳案件的争议焦点是社会科学文献出版社六处删节或修改是否侵犯了张五常对其作品的修改权及保持作品完整权，归纳可谓准确。但二审法院随之进行了一个论证前提置换，将涉案作品的修改权、保护作品完整权置于社会科学文献出版社依据其与花千树公司的《图书出版合同》之中来讨论，将作者置于一旁。按照张五常在与花千树公司签订的《协议书》第二条约定，张五常授予的是“出版物之许用权”，第三条约定的是张五常保证对作品“拥有著作权及出版授予之权，且无违背著作权法及出版法”，协议中并没有作品修改方面的约定，花千树公司自动获得了修改权？

第三，张五常与花千树公司签订的《协议书》第三条约定，张五常保证对作品“拥有著作权及出版授予之权，且无违背著作权法及出版法”，此处约定的“著作权法及出版法”是否是香港的法律？按照协议第二条约定的出版区域与两审法院认定事实来看，应是中国大陆以外的华人地区，否则就不会出现涉案作品的不同版本。社会科学文献出版社与花千树公司的《图书出版合同》中的所说的“著作权法与出版法”无疑是中国内地的相关法律。二审法院推定张五常已授权科学文献出版社在中国内地出版发行作品时有权修改、删除其认为违背中国法律和社会公共利益的部分，因张五常并未参与花千树与科学文献出版社的合同，基于合同相对性，这个推定的基础并不充分。

本案的棘手之处在于，虽然案由是著作权侵权纠纷，实质上蕴含了著作权与言论自由、出版法律的纠缠[①]。内地版本涉及的删节、修改只有六处，总计 77 个字，在全书 11 万字的篇幅中所占比例约为 0.07%。张五常起诉为的是香港版本中的一些表达其政治观点的句子被删除、修改，要求保护修改权、保护作品完整权是名，要求保护言论自由是实。按照当时的《著作权法》第四条，著作权人行使著作权，不得违反宪法和法律，不得损害公共利益，法律设置了著作权人的权利限制原则以维护公序良俗；第三十三条规定，图书出版者经作者许可，可以对作品修改、删节，法律规定作者的许可是图书出版社修改、删节作品的前提，以维护著作权的完整。本案就暴露了两个法条的冲突，一审法院严格遵循当时《著作权法》关于修改权、保护作品完整权的规定，没有论及张五常的修改权与社会科学文献出版社的修改、删节之间的隐含冲突。二审法院采取迂回论证方式，从张五常授权花千树公司独有出版许可权并保证作品不违反著作权及出版法，花千树公司要求社会科学文献出版社负责审定作品不违

① 美国学者安守廉这样评价 1990 年《著作权法》：这部法律无意中应和了历史上用著作权限制异端思想传播的效果，它规定“依法禁止出版、传播的作品”不享有著作权法保护。参见[美]安守廉：《窃书为雅罪——中华文化中的知识产权法》，李琛译，法律出版社 2010 年版，第 85 页。本文的分析表明，在个案中，中国司法裁判对有敏感内容的作品，并非进行全面否定，不享有著作权法保护。

反中国法律和社会公共利益，依序推导出社会科学文献出版社有权修改、删节作品中违背中国法律和社会公共利益的内容，回避了对法条冲突或竞合的法条选择论证。在中国现实的权力版图中，二审法院表现出足够的现实理性。张五常作品中有的文字内容像飘扬在法官面前的一面红旗，迫使法官必须对其进行法律处置，但是法官在裁判时遵循了“最大善意原则”，力求对涉案作品不是全盘否定，而是，如果说对著作权人有事实上的“损害”——敏感内容的表达受到了限制，但只是涉案作品的微乎其微的一小部分，裁判将可能造成的不利后果最小化，基于量的考量，未进行质的评价，裁判客观上也体现了基于比例原则的司法谦抑。

有学者经论证后总结，我国司法实践已发展出合理的平衡机制：“当合法的商业利益被认为是正当的，商业自由应当优越于著作人格权的保护”[①]。司法是否是在利益平衡中确立规则，实践中著作人格权是否在法律条文之外受到更多限制？在侵权比较明显的案件中，著作权人的诉求较易获得支持，而在模糊地带，著作权人的权利束可能受到更多的影响而处于不确定状态。

晴川饭店壁画案即表明了司法面对著作权与财产权两种权利冲突时的现实态度[②]。法院判决诉请作品完整权受到侵害的作者败诉，判决认为财产权人没有法定和约定的义务在拆毁壁画原件前必须履行告知或协商的义务。有观点质疑，“没有约定确属事实，但是否也没有法定义务？义务的对应面是权利，如果任何事情都要约定，那保持作品完整权这一‘法定权利’就形同虚设”，“并不

① 参见梁志文：《著作人格权保护的比较分析与中国经验》，载《法治研究》2013 年第 3 期，第 42-58 页。
② 参见湖北省高级人民法院（2003）鄂民三终字第 18 号民事判决。

是当知识产权与物权发生所谓‘冲突’时，一律让位于物权，仅仅是基于个案之具体情势，权衡与取舍的结果。”[①] 依据《著作权法》修订草案送审稿的相关规定[②]，特定作者可享有对抗原件所有人的法律武器，保护其著作权，相应案件的裁判所需查明的事实、法律适用、论证重点处理将明显不同，结论自然迥异。

二、近缘法条的规则借用

在我国的著作权侵权司法中，有时法官在裁判中借用具有紧密联系的近缘法条，从而实现了该规则的空间效力扩展。2014年，上海法院公布“巧虎”卡通形象著作权纠纷案，法院将其定义为著作权纠纷。一审法院认为，原告对涉案卡通形象的美术作品享有著作权。1996年该卡通形象即以电视台播放动漫影视节目的形式被引进中国大陆地区，原告对该卡通形象投入了大量广告宣传，使其在中国大陆地区的相关公众尤其是少年儿童中享有一定的知名度。被告泰茂公司相关的消费者亦主要为少年儿童，故其在产品市场营销时完全有机会接触到原告的“巧虎”卡通形象。被控侵权的“欢乐虎”图案中包含了原告卡通形象的全部主要特征，与“巧虎”卡通形象构成实质相似。被告在其产品、宣传册及网站上擅自使用“欢乐虎”图案的行为，小桂公司以及敖小平擅自销售

① 熊文聪：《知识产权权利冲突：命题的反思与检讨》，载《法制与社会发展》2013 年第 3 期，第 70-71 页。作者在文中举例说明，在一起类似案件中，法国法院判决被告虽为冰箱的所有权人，但私自拆卸冰箱侵犯了原告冰箱外壁油画的保持作品完整权。

② 参见著作权法（修订草案送审稿）第二十二条第四款：陈列于公共场所的美术作品的原件为该作品的唯一载体的，该原件所有人对其进行拆除、损毁等事实处分前，应当在合理的期限内通知作者，作者可以通过回购、复制等方式保护其著作权，当事人另有约定的除外。

含有“欢乐虎”图案的产品的行为，均侵犯了原告的著作权。故判决三被告停止侵权。判决后，泰茂公司不服，提起上诉。上海市高级人民法院经审理，判决驳回上诉，维持原判。

法院在评价该案典型意义上指出[①]，本案权利人系日本企业，其“巧虎”卡通形象在中国具有相当高的知名度，依法应受我国法律保护。被告泰茂公司未经许可在其儿童食品上使用与“巧虎”卡通形象极其近似的“欢乐虎”图案，这是一种典型的仿冒行为，被告泰茂公司“搭便车”的故意十分明显。法院根据本案的侵权事实，依法判决包括合理费用在内的人民币38万元的赔偿数额，给予了知名卡通形象充分保护，严厉打击了此类“搭便车”行为，充分体现了中国法院依法平等保护中外当事人知识产权的良好形象。借用“假冒”“搭便车”商标法、反不正当竞争法的用语，是中国法院司法时借用的现实案例。借鉴美国联邦最高法院审理索尼案的司法技术，使用卡通形象近似的图案构成著作权侵权，类似的还有冯雏音等诉江苏三毛集团案，判决以著作权保护三毛形象。

《著作权法》第十七条规定，受委托创作的作品，著作权的归属由委托人和受托人通过合同约定。合同未作明确约定或者没有订立合同的，著作权属于受托人。立法采取的是“合同约定优先”原则，在没有签订合同或者合同没有明确约定时，著作权属于受托人，隐含的立法价值判断是尊重创作作品的主体。

---

① 《侵害“巧虎”卡通形象著作权纠纷案》，载中国法院网2014年4月24日。

依据最高人民法院司法解释规定[①]，对法院而言，客观上明晰了没有约定时的权利归属，便于司法处理相应纠纷。但与《著作权法》第十七条的明文规定之间，是否存在逻辑上的重合，值得思考。有学者对此提出异议，认为在约定不明（或者说"未做明确约定"）的情况下，著作权法对于权利归属有明确的约定——属于委托人。理论上讲，最高人民法院可能的辩解是，当事人之间可能存在所谓的"默示的约定"，将著作权归属于委托方。但是，这样的解释将导致"默示约定"成为"明确约定"的一种类型，明显违反该条文的字面意思，也很容易使得立法者在《著作权法》第十七条中所展现的保护创作者的立法目的落空。司法解释的合理策略应该是，尊重立法者确立的著作权所有权归属原则，但是赋予委托人实质性的使用权[②]。

《著作权法》第十七条的规定涵盖了委托作品权属的三种情形，对可能出现的权属纠纷明文规定了确定权属的顺序规则[③]。上述司法解释以两个形式的委托为调整对象，作出了不同于一般委托的规定，对司法裁判提出了适用的难题。

三、法理渊源的效力延伸

法官应如何在具体案件中适用法律，意见不一。哈特曾提出，法官是规则

① 《关于审理著作权民事纠纷案件具体适用法律若干问题的解释》第十二条：按照著作权法第十七条规定委托作品著作权属于受托人的情形，委托人在约定的使用范围内享有使用作品的权利；双方没有约定使用作品范围的，委托人可以在委托创作的特定目的范围内免费使用该作品。第十三条：除著作权法第十一条第三款规定的情形外，由他人执笔，本人审阅定稿并以本人名义发表的报告、讲话等作品，著作权归报告人或者讲话人享有。著作权人可以支付执笔人适当的报酬。第十四条：当事人合意以特定人物经历为题材完成的自传体作品，当事人对著作权权属有约定的，依其约定；没有约定的，著作权归该特定人物享有，执笔人或整理人对作品完成付出劳动的，著作权人可以向其支付适当的报酬。

② 崔国斌：《著作权法：原理与案例》，北京大学出版社 2014 年版，第 322-323 页。

③ 还有一种情形没有规定，最高人民法院的上述司法解释也没有涵盖其中，即：约定违反公序良俗如何处理。

适用者，偶尔也是规则修订者和创立者。德沃金认为，显在的规则、潜在的原则以及政策这三者构成了法律，秉持整体性法律观的德沃金认为，“一个称职的法官一定可以在规则之外找到某些既存原则来裁判疑难案件。”①

我国著作权司法实践中，也有法院以法理裁判案件的情形，其中之一即为邵仲广诉广东美的集团股份有限公司著作权侵权纠纷案②，此案所涉及的民事行为发生在1982年，当时没有《民法通则》《著作权法》《合同法》等法律，案件判决时为1998年，《合同法》尚未颁布。针对1980年广东美的集团股份有限公司发出“街招”公开征集风扇商标图案，以及邵仲广应征创作图案作品应选的行为性质，一审法院认为被告以“街招”公开征集商标图案是一项要约，原告以创作的作品向被告承诺，被告经评选接受原告的作品，履行了对入选者要约的兑现义务，原告领取了风扇。双方实质上缔结了委托创作商标图案的合同，且已履行完毕。从具体案情看，原告明知被告委托创作的目的、用途、要求及付酬办法，明确该作品为被告创作，为被告使用，为被告所有。法院运用合同中要约、承诺等法理作为论证依据，辅之以《民法通则》中自愿公平、等价有偿、诚实信用原则进行判决。

二审法院在判决中没有明确认定“街招”是要约，但同样认可了美的集团依“街招”的承诺给付给邵仲广的对价，邵接受无异议，双方的民事关系已履行完毕。“由于无证据可证明双方对被上诉人取得和使用该作品有何限制，故

① 参见[美]德沃金：《法律帝国》，李常青译，中国大百科全书出版社 1996 年版，第六章、第七章。

② 参见广东省佛山市中级人民法院（1998）佛中法知初字第 13 号民事判决、广东省高级人民法院（1998）粤高法知终字第 24 号民事判决，载程永顺主编：《知识产权裁判文书集》（第 5 卷），科学出版社 2003 年版，第 169-172 页。

应当结合当时的实际情况，认为被上诉人可以无条件、无限制地拥有该涉案作品的权益。”这段论述可谓是二审判决的核心。依据要约、承诺的法律规定和法理[①]，本案中美的集团的“街招”应为要约邀请，邵仲广应征是要约，美的集团有择优选择的权利，采用邵仲广的作品才是承诺。法院认为双方实质上缔结了委托创作商标图案的合同，得出的结论是以邵仲广明知为推论基础，在1982年时邵仲广是否清楚其与美的集团的权利义务关系，是否存在法律认知错误？判决认为维持美的集团对涉案作品的使用符合自愿公平、等价有偿、诚实信用等法律原则，判决美的集团给予邵仲广一定的使用费就明显违背了上述原则？判决所持的依据并不能经法理推导而得出唯一的结论。该案裁判在外部证成上难以称其成功。

实践中有判决采用了不同的认知路径。在王定芳与上海东方商厦广告语著作权纠纷案中，一审法院认为，上海东方商厦以征集启事的方式，通过报刊向社会征集广告语的具体要求及奖励办法，王定芳依照要求创作应征，并被录用授奖，双方已形成实践性的委托创作合同关系。由于在征集启事中对录用获奖作品的著作权归属未有明确约定，王定芳在投稿应征时也未作出放弃或转让著作权的允诺，依照法律规定，委托创作作品的著作权仍应属王定芳所有[②]。

在直接侵权、间接侵权的框架下分析侵权，尤其是网络侵权问题，日本最

① 参见史尚宽：《债法总论》，中国政法大学出版社 2000 年版，第 19-25 页；王泽鉴：《债法原理（第一册）基本理论·债之发生》，中国政法大学出版社 2001 年版，第 155-171 页；崔建远：《合同法》（第六版），法律出版社 2015 年版，第 28-32 页。

② 经法院调解，双方达成涉案作品使用协议。参见最高人民法院应用法学研究所：《人民法院案例选》（总第 9 期），人民法院出版社 1994 年版，第 99-104 页。

高裁判所判决的“晚吧G7案”[①]，就是追究间接侵害行为者民法上的共同侵权责任。依据卡拉OK法理，虽然从物理上看属于著作权间接利用者，但将其行为视为直接利用著作权的行为。日本最高裁判所判决的“猫眼石俱乐部案”，在具备管理性乃至支配性和利益性两个要件的情况下，即使物理上没有实际演奏卡拉OK作品，顾客的演唱也视为店铺的演唱，因而卡拉OK店铺被视为从事了演奏行为[②]。

委托作品署名中相关主体的自由意志是否没有边界，边界止于何处，理论认识有分歧，对司法实践产生间接影响。有观点主张，委托人享有署名权，与署名权应由作者享有的基本原则不符。而且，这种解释会导致学生出资雇佣他人为“枪手”为自己撰写毕业论文的行为合法化，应当是不可取的[③]。有学者提出不同意见，署名权是否可以转让，与学生雇佣枪手是否合法，不是一个问题。即使署名权可以转让，立法者依然可以制定特殊的教育法规要求学生自己写论文。在现实世界里，领导们可以让秘书写报告，学生不能让别人写作业，并行不悖[④]。有法官提出，违背公序良俗是一个评价准则。政客、明星名人出书的代笔人，署名权人可视为政客、明星[⑤]，公众也不会认为这些人是真正的作者。

在星空传媒公司诉广东中凯文化发展有限公司案中[⑥]，两审法院都以《著作

① [日]田村善之：《田村善之论知识产权》，李扬译，中国人民大学出版社 2013 年版，第 100 页。
② [日]田村善之：《田村善之论知识产权》，李扬译，中国人民大学出版社 2013 年版，第 100-101 页。
③ 王迁：《著作权法学》，北京大学出版社 2007 年版，第 157 页。
④ 崔国斌：《著作权法：原理与案例》，北京大学出版社 2014 年版，第 323 页。
⑤ [美]理查德·波斯纳：《论剽窃》，北京大学出版社 2011 年版，第 25 页。有疑问的是，上述情况是否适应中国的国情。
⑥ 参见北京市第一中级人民法院（2005）一中民初字第 9337 号民事判决、北京市高级人民法院（2006）高民终字第 524 号民事判决。

权法》第十一条为依据，认定涉案正版光盘中©后公司名称为原告的“署名”。在圆谷制作株式会社诉北京燕莎友谊商城案中，被告销售的使用奥特曼形象的玩具上标有©Tsuburaya Chaiyo标志，法院在判决中引用《世界版权公约》第三条第（1）款作为法理基础，指明了©真正的法律作用①，认定被告并未侵犯原告的署名权。在涉外著作权纠纷案中，原告以“©后名称”作为署名权的证据并进而证明自己是著作权人，需要结合涉案作品国籍所在国相应的法律规定，以及作者与版权人的关系，方能避免简单以©认定著作权人署名②。

在黄华国诉中国纺织出版社、世纪慧泉文化公司案中③，二审法院认定，中国纺织出版社和世纪慧泉文化公司确系未经黄华国许可，在其出版的非黄华国创作的涉案图书上署名黄华国为作者，已构成对黄华国署名权的侵犯。前有吴冠中案，学界认为定性有误，为什么法官倾向于将假冒行为认定为侵犯署名权，仅仅是个别法官的行为选择、偏好所致？

赵梦林系列著作权侵权诉讼案中，不同法院遵循的司法路径不一。赵梦林与北京好友世界商场有限责任公司著作权侵权纠纷一案中，法院认为，赵梦林创作完成了《京剧人物》画册，作为该画册中京剧人物画等美术作品的作者，其对上述具有独创性的作品所享有的著作权应当受到我国著作权法的保护。未经原告许可，王府井小吃街悬挂与原告享有著作权的 25 幅作品相同的京剧人物

---

① ©的含义为版权所有者。《世界版权公约》中的版权是指版权中的经济权利，不包括署名权。参见北京市第二中级人民法院（2004）二中民初字第 12687 号民事判决。

② 关于著作权法的署名与©，可见王迁：《“署名”三辨——兼评“安顺地戏案”等近期案例》。

③ 参见北京市第二中级人民法院（2010）二中民终字第 5274 号民事判决。

画，且未予署名，构成了对赵梦林对相关作品所享有的著作权的侵犯[1]。判决进路是将京剧人物画和人物造型艺术画作为普通美术作品，画即属于美术作品，众所周知，无需多言。赵梦林诉被告秀水投资有限公司著作权侵权纠纷一案，法院认为，赵梦林创作完成了《中国京剧脸谱》画册，作为该画册中京剧脸谱美术作品的作者，依法享有“先篾”京剧脸谱美术作品的著作权。秀水公司未经赵梦林许可，也未支付报酬商业性使用涉案作品，侵犯了赵梦林对该作品享有的著作权，理应承担停止侵权，赔偿损失的法律责任。基本一致的裁判思维，虽然将原告作品明确为京剧脸谱美术作品，但是依旧没有论述脸谱的个性化特征。

在赵梦林诉大同市城区老字号外婆桥酒店著作权纠纷案，法院认为，京剧脸谱属中华民族文化遗产，虽由于历史原因，京剧脸谱的画法上有约定俗成的因素和特点，但不同的作家在对同一脸谱进行制作时均有自己习惯的手法及风格表现，从而构成多姿多彩的艺术世界。原告以其自己的努力编著《京剧脸谱》一书并出版发行，其所享有的著作权应依法受到保护，被告未经原告同意，稍作改动即使用原告画册中的刘宗敏半幅脸谱作为酒店用品及广告图案，已构成对原告权利的侵犯。

赵梦林诉被告北京北纬通信科技股份有限公司侵犯著作权纠纷一案，被告答辩理由之一是，京剧脸谱作品属于民间艺术，不应由原告完全享有著作权。

① 参见北京市第二中级人民法院（2004）二中民初字第01595号民事判决。本案中被告好友世界公司辩称重点是原告指控使用其作品的王府井民俗文化街并不是被告的商业区域，当事人的论辩重点集中于此点，这实际上影响了对原告权利来源、作品表达的深层考量。赵梦林诉飞利浦（中国）投资有限公司著作财产权纠纷案、赵梦林诉北京俏江南餐饮有限公司著作权侵权纠纷案，赵梦林诉长沙市雨花区高汉图形设计有限公司著作权侵权纠纷案，均以调解结案，被告支付使用费后继续使用，或被告停止使用。

因为原告创作的京剧脸谱图凝结着自古以来无数前辈艺术家的心血和创作成果，故创作一幅京剧脸谱作品与创作一般美术作品相比，前者的独创性远远低于后者，不应按照著作权法对于一般美术作品的保护方法来进行保护。法院认为，民间文学艺术是指在某一特定地域基于特定的地理环境、文化、历史传统而形成的文学艺术表现形式，其主要特点是主体的不特定性和表达的传承性。京剧脸谱艺术是随着中国戏曲艺术的不断发展而逐步形成的艺术形式。它用各种颜色在演员面部进行夸张的勾画，通过不同的颜色、图案等反映人物的性格、身份、地位等。京剧表演中各种人物的脸谱都有自己特定的谱式、色彩和图案，这些特定的谱式、色彩和图案对于某一个具体的京剧人物脸谱而言是唯一的。如果不使用这些特定的谱式、色彩和图案，就无法让观众认出是哪个京剧人物。因此，任何人在勾画某一具体的京剧人物脸谱时，都必然要使用这些特定的谱式、色彩和图案，这些特定的谱式、色彩和图案属于民间艺术。但不同的勾画者在勾脸时会采取不同的勾法。这种不同的勾法主要体现在线条、笔锋、构成图案的分布位置和比例等方面，而且要根据不同的演员脸形来勾画。不同的人对于自己绘制的京剧脸谱的独创性也就体现在不同的勾法上，即不同的线条、笔锋、构成图案的分布位置和比例等方面。因此，线条、笔锋、构成图案的分布位置等勾法上的不同，则反映出不同勾画者的独创性。本案中，赵梦林绘制的脸谱因在线条、笔锋、构成图案的分布位置等方面形成自己的风格，属于著作权法意义上的美术作品，应对其进行保护。

对此问题，最高人民法院知识产权庭课题组的意见是，脸谱的基本谱式虽然只有十几种，但由于色彩、线条的种种变化，使脸谱的发展日益丰富和多样化。对同一人物的脸谱，不同的剧种有不同的勾画方法，即使在同一剧种中，不同演员的勾法上也存在着许多的差异。有戏曲界的专家就曾说过，优秀的脸谱是“无双”的，有谱式而又有“无双”，正是脸谱艺术的程式化与个性化的有机统一。由此可以看出，在脸谱所具有的程式化特征之下，演员、化妆师仍有根据自己对角色的理解和把握把脸谱赋予个体表现力的机会。所以，对于确能体现作者独创性劳动的“个性脸谱”，可以根据《著作权法》的规定作为美术作品予以保护[①]。

在陆道龙诉陆逵等九被告侵犯著作权纠纷一案中[②]，原告认为被告两处侵权，一是被告书籍中剽窃原告编撰书籍中相关内容，二是被告书籍中窃用原告图书中 “忠烈堂”字样，窃用原告使用的“忠烈堂”堂号。被告主要抗辩是，原告书中绝大部分内容源自陆氏先人创作的历代陆氏家谱，原告对这些内容不享有著作权；“忠烈堂”堂号是依历史文献中明万历四十七年“奉旨依议，予谥忠烈”的记载确定，以牢记并弘扬忠烈先祖与国共存亡的爱国精神，表尊祖敬宗之意。

法院经审理查明，1984 年原告曾向档案馆捐赠光绪甲申年重修《陆氏宗谱》等 9 册图书（原告称之为老谱），原告认为《中华陆氏历代年谱〈陆氏宗谱〉》第 1 至第 7 册是自己从老谱中整理出来的。法院对涉案的《中华陆氏历代年谱

① 最高人民法院知识产权课题组：《关于戏剧作品著作权司法保护课题的调研报告》，载《中国知识产权司法保护年鉴》（2014 年），法律出版社 2015 年版，第 239 页。
② 参见《最高人民法院公报》2015 年第 7 期，第 42-45 页。

〈陆氏宗谱〉》第 1 册、第 2 册与光绪甲申年重修《陆氏宗谱》第 1 册、第 2 册进行内容核对，对比结果显示，二者内容一致，顺序一致。光绪甲申年重修《陆氏宗谱》第 1 册、第 2 册中也有原告诉称被告侵权第一部分内容。不同之处在于，老谱是繁体字，原告书籍是简化字。原告书籍第 7 册、第 8 册与光绪甲申年重修《陆氏宗谱》第 7 册、第 8 册封面上使用的堂号均为“忠烈堂”。

法院认为，根据《著作权法实施条例》对作品的规定，作品的构成条件为作品的独创性和可复制性。虽然原告提交了《著作权登记证书》，但中国版权保护中心只是形式审查，法院需对作品的来源、创作过程以及作品的独创性作实质审查。最终，法院判定，原告对《中华陆氏历代年谱〈陆氏宗谱〉》涉案的第 1 册、第 2 册没有独立构思和创作风格，只是对他人作品的复制所形成的相同的文字，相关书籍不是著作权法意义上的作品，不受著作权法保护。堂号作为家族的徽号和别称，用在族谱上标明姓氏和族别，是对某一姓氏家族特色的高度概括。本案中“忠烈堂”源于明朝万历年间皇帝追谥南宋左丞相陆秀夫为“忠烈公”。1932 年忠烈堂《陆氏族谱》（续七）使用的堂号也为“忠烈堂”，因此“忠烈堂”堂号并不是原告独创。法院判决驳回原告诉讼请求。

本案中，原告主张被告侵权的第一部分主要是文字，原告声称自己从老谱整理而来，但由于被告抗辩称为陆氏先人创作，法院对著作权登记证书没有直接认可其法律效力，而是对作品的来源、创作过程以及作品的独创性作实质审查，增强内心确信。对比结果表明，原告所进行的智力活动只是将繁体字转变成简体字，不构成著作权法意义上的“整理”，没有阐释作品，原告相应的著作权并不存在。因为有被告抗辩及老谱作为对比参照，法院对原告对涉案书籍是否享有著作权进行了核对，避免对原告诉称被告侵权部分核对，忠烈堂名称来源有据可查，从历史证据方面否定原告独创，省去了论证忠烈堂堂号独创性的诸多笔墨，也更为直观。

判决中，法院把繁体字转化成简体字定义为复制，认定了一种新的复制形式。依据2010年《著作权法》的规定[①]，参考世界知识产权组织的定义，作品的复制，是以包括声音录制品和视觉录制品在内的任何物质形式，对作品或者其实质性部分制作一件或者一件以上的复制品[②]。繁体转简体，简体转繁体，现在已经有专门的程序软件可以做到一键生成，其并没有产生新的表达，是信息时代机械复制的一种表现形式。

把法官视为分析员或神媒，都是“假设任何的法律问题总是可以找到一个正确的答案，这个正确的答案由权威的法律渊源传递而来，只不过就现代的观点看起来，这样的传递不是直接的，而是要通过分析而得到的”[③]。从我国著作权侵权案件的裁判可以发现，法官重视法律规范和法律原则对正在审理中案件的影响，法律已经颁行，法官所做的是发现法律，准确的说是发现适用于个案的法律规定，找到具体法条。明文的法律规定是法官审理案件时第一选择，这既受制于制度性前提——我国政治制度中立法与司法权力的明确分野，也受到经验性前提——法官在校学习、法官培训时知识灌输所形成的随风潜入夜式的

① 第十条第一款第五项：复制是以印刷、复印、拓印、录音、录像、翻录、翻拍等方式将作品制作一份或者多份的权利。

② 世界知识产权组织编：《著作权与邻接权法律术语汇编》，刘波林译，北京大学出版社2007年版，第223页。

③ [美]李·爱泼斯坦、威廉·M兰德斯、理查德·A·波斯纳：《法官如何行为：理性选择的理论和经验研究》，黄韬译，法律出版社2016年版，第47页。

影响。只有在某些“不寻常”案件，适用明文法条的裁判结果招致公平的天平严重失衡，触发法官内心对实质正义的强烈追求，法官才可能考虑替代法源。在方正诉宝洁倩体字库案中，二审判决没有像通常著作权侵权纠纷的审理进路，从涉案字体是否构成作品而展开论述，相反，裁判对其搁置不论，对字库中的单字是否构成作品没有明确表态，引用合同法领域的“默示许可”规则裁判[①]。法官并没有采取机械文本主义解释，将裁判解释化约为司法成本最小化的计算，而是努力解决言辞表面背后的实质论争，力求给出合法性答案。

① 审理案件的法官撰文称，主要是希望这一判决能够在解决本案纠纷的发生的同时，亦能够最大限度地预防此类纠纷的发生并兼顾诉讼经济原则。参见芮松艳：《计算机字库中单字的著作权保护》，载《知识产权》2011年第10期，第44-46页。

第四章　裁判论证的深度解析

司法裁判的做出，不是一个随意的过程，近年来，司法改革提出“让审理者裁判，由裁判者负责”①，裁判者负责，不仅是体现在裁判结果上，同时也体现在裁判论证方面。“从法律方法论的角度看，当下司法改革要求裁判者所负之责，主要应该指裁判者的论证之责”②。伴随着裁判文书说理改革，法官需要对其裁判进行相关、必要的论证③，本章将对著作权侵权案件裁判文书的论证进行解析。

① 参见《最高人民法院关于全面深化人民法院改革的意见——人民法院第四个五年改革纲要（2014-2018）》“（四）健全审判权力运行机制”部分。

② 陈金钊：《司法改革需要让裁判者负论证之责》，载《江汉学术》2015 年第 3 期，第 36 页。

③ 有学者提出，司法必须合法性论证、合理性论证、正当化论证，参见陈林林：《裁判的进路与方法——司法论证理论导论》，中国政法大学出版社 2007 年版，第 82 页以下。论文本章借鉴了该书的观点，特以致谢。

第一节　裁判论证的观念检视

司法三段论在我国司法实践中是广为使用的论证方式，在具体演绎的过程中，从寻找大前提到得出判决结论，不只是法官自认为结论是经由裁判论证而合乎逻辑地得出，而且论证要为当事人、上级法院等直接相关读者所认可。不同于传统民法裁判论证，著作权侵权案件裁判观念上的歧见影响深刻，自然权利与功利主义在裁判中或隐或现，甚至在同一法官的裁判思维中也不时交锋。很少有法官进行纯粹的自下而上的司法推理，或者严格地自上而下的推理，可以将这两种加工视为一个推理连续体的两个端点，在它们之间有着各种混合的加工[①]。著作权侵权案件裁判进程中，法官的观念是裁判最终走向的一个隐性变量。

一、司法前见的倾向影响

知识产权司法不同于传统民事司法的特点之一，即是法官的司法前见对裁判影响不仅是数额等定量方面，更重要的是定性方面。有法官感慨国内著作权司法中对知识产权本质的理解偏差，认为在知识产权司法保护的呼声越来越高的背景下，我国知识产权司法保护中功利主义色彩日渐式微，这不仅背离了我

① 参见[美]戴维・克雷因等：《司法决策的心理学》，陈林林、张晓笑译，法律出版社2016年版，第58页。

国知识产权的立法精神及目的，长此下去，也必将损害社会公众的利益[①]。

在1918年的美国“国际通讯社诉联合出版社”案中，原告付出大量资金和劳动采集了新闻，被告未支付费用就照搬原告的新闻赚钱。新闻显然不受版权法保护，但美国联邦最高法院多数意见认为新闻构成“准财产”：“尽管我们会认为，也确实认为，双方就已发表的不享有版权的新闻都没有针对公众的财产利益，但这并不意味着在他们双方之间没有任何财产利益。因为对他们而言，新闻尽管不能说是绝对意义上的所有权或支配权，但它是在作为一项事业、有组织地付出技巧、劳动和金钱之后收集而来的，它将像其他商品一样分发和销售给那些愿意花钱购买的人。因此，将新闻看作是一种双方在同一时间和同一领域寻求获取利润的物质时，我们就难免要承认，为了这一目的，新闻在他们之间必须被看作是准财产，而不用考虑任何一方针对公众享有什么样的权利。”[②]

美国联邦最高法院的论证比“因为有劳动，所以要保护”显得更为精致些。新闻不受版权法保护，但认为新闻凝结了原告的劳动，有人愿意花钱购买，说明它有价值，要将它按“准财产”看待，可将法院的逻辑总结为：“因为劳动创造了经济利益，所以要财产权保护”。但是，倘若法院判决原告国际通讯社败诉，其他出版机构就不用花钱购买国际通讯社的新闻，这些新闻也就没有了经济价值。那么，到底是“因为有经济利益，所以要有权利保护”，还是“因为有权利保护，所以才有经济利益”呢？法院扩张权利客体的自然权利理论逻

① 徐飞：《被误读的“避风港”：检视信息存储空间“避风港”规则的司法适用—兼论版权司法保护功利主义的式微》，载贺荣主编：《探索社会主义司法规律与完善民商事法律制度研究》，人民法院出版社 2011 年版，第 834 页。

② International News Service v. Associated Press，248 U. S. 215（1918）.

辑，无法逃脱循环论证的陷阱。这一逻辑可以从深受大陆民法影响的英国著名法学家布莱克斯通在Tonson v. Collins（1761年）案中代理原告在法庭上表达出来：财产的必备条件就是要有价值，价值则体现在与其他有价值事物的客观交换能力之中；如果某事物能进行这样的交换，它就具有价值从而能成为财产[①]。

有学者评论北大方正诉广州宝洁侵犯著作权指出，二审法院并没有就涉案“飘柔”二字是否构成著作权法保护的作品、两被上诉人是否属于复制、发行行为进行认定，单就两被上诉人的行为是否属于上诉人默示许可行为进行了分析，并且得出两被上诉人行为属于上诉人默示许可的行为，显然是在沙滩上建造了一座城堡，结论可靠性值得商榷。因为如果“飘柔”二字不构成著作权法保护的作品的话，至少在著作权法语境下，被上诉人的复制、发行行为根本就无需上诉人的默示许可。进一步而言，即使二审法院认定涉案“飘柔”二字属于受著作权法保护的作品，两被上诉人实施的行为也不存在上诉人默示许可的法律依据。我国现行《著作权法》第二十六条规定，许可使用合同和转让合同中著作权人未明确许可、转让的权利，未经著作权人同意，另一方当事人不得行使。显然，在著作权法语境下，该款规定明确排除了著作权默示许可适用的可能性。即使要推导出该案的默示许可，也只能利用我国合同法第一百二十五条规定，当事人对合同条款的理解有争议的，应当按照合同所使用的词句、合同的条款、合同的目的、交易习惯以及诚实信用原则，确定该条款的意思，将

① Deazley, R.（2008）'Commentary on Tonson v. Collins（1762）', in Primary Sources on Copyright（1450—1900）, eds L. Bently&M. Kretsehmer，www. copyrighthistory. Org.转引自易健雄：《技术发展与版权扩张》，法律出版社 2009 年版，第 62 页。

其作为法律依据。否则，在著作权法语境下，默示许可的结论将成为违背知识产权法定原则的“法官造法”。一审法院的判决通篇都从一般论角度分析具备一定条件的汉字在什么情况下可以构成美术作品、什么情况下不能构成美术，是否应当受到著作权保护，就是没有将一般分析结论应用到“飘柔”二字的分析上来，没有针对性地分析判断涉案“飘柔”二字是否具备独创性，是否构成著作权法保护的美术作品，最终用一般分析及其结论替代了具体分析及其结论，二审怎么能说一审对涉案“飘柔”二字是否构成著作权法保护的美术作品进行了审理呢？[①]

朱志强诉（美国）耐克公司、耐克（苏州）体育用品有限公司等侵犯著作权纠纷案[②]，原告创作了“火柴棍小人”形象，被告耐克公司、苏州耐克公司在广告宣传中使用了“黑棍小人”形象，元太广告公司、新浪信息技术公司发布了该广告。法院经过比对发现，原告“火柴棍小人”和被告“黑棍小人”相同部分在于，都用“圆形表示人的头部，以直线表示其他部位”，但其他具体设计并不相同。法院认为，用“圆形表示人的头部，以直线表示其他部位”已经进入公有领域，不应该得到保护，因此被告的行为不构成著作权侵害。有学者认为[③]，以用“圆形表示人的头部，以直线表示其他部位”已经进入公有领域为由进行论理并不特别恰当。如此理解意味着用“圆形表示人的头部，以直线表示其他部位”最初享有著作权。北京市高级人民法院的判决结果虽然正确，但

① 李扬：《知识产权法基本原理（II）——著作权法》（修订版），中国社会科学出版社 2013 年版，第 51 页。
② 北京市高级人民法院（2005）高民终字第 538 号民事判决书。
③ 李扬：《知识产权法基本原理（II）——著作权法》（修订版），中国社会科学出版社 2013 年版，第 31 页。

说理并不可取。用“圆形表示人的头部，以直线表示其他部位”属于创作思想，从一开始就不应当受到著作权法保护。任何人都可以利用这一思想进行创作。

二、判断标准的因势而变

在欧洲文艺复兴时期，莎士比亚在《安东尼与克莉奥佩特拉》中对克莉奥佩特拉画舫的描绘，是用无韵诗对古希腊学者著作的重述，而这之所以不算剽窃，是莎士比亚的时代，创造性被理解为改良而非原创①。

19 世纪时，法国拒绝保护照片的版权，认为照相过程中摄影师并未付出创造性劳动，且被拍摄“真实世界”属于公共领域，因此不可以界定为私有财产。然而，法庭却在摄影进阶为电影摄制权时修改了这一判决，因为有如此重要的一个经济部门提出要求国家保护其财产权②。

加拿大最高法院对“研究”采纳了广义解释，必须给予“研究”宽广和文义的解释。律师为盈利而从事法律事务是进行研究，在版权法 S29 的含义范围。考虑到案件的特殊情形，法院认为由律师复制和为律师复制构成合理使用的研究目的，因此不构成侵犯版权③。

2004 年 3 月 4 日，加拿大最高法院审结了一起法律图书馆复印机使用者与法律书籍、法律报告出版商之间的争议④。案件事实如下：被告 Law Society of Upper Canada 以法律图书馆复印机闻名，来访者可用其复印图书馆书籍。每台

① [美]理查德·波斯纳：《论剽窃》，沈明译，北京大学出版社 2010 年版，第 60-63 页。

② [美]罗纳德·v·贝蒂格：《版权文化——知识产权的政治经济学》，沈国麟、韩绍伟译，清华大学出版社 2009 年版，第 148 页。

③ CCH Canadian Ltd. v. Law Society of Upper Canada 2004 SCC 13. File No.29320，at para 51.

④ （2004），30 C.P.R.（4th）1，236 D.L.R.（4th）395，2004 SCC 13.

机器上显示下面提示：加拿大版权法管辖制作复印件或其他享有版权材料的复制。某些复制可能侵犯版权。图书馆对机器使用者复制造成的侵权不负责任。图书馆对每份复制件收取少量费用。图书馆还有称之为“接近法律服务”的项目。律师等人能请求图书馆制作和发送一份材料复制件给他们，但需要经过鉴别并说明请求的目的，例如研究、评论、私人学习、批评、法庭使用或其他法律程序使用等。如果满足这些目的，一般会符合加拿大版权法合理使用的法条规定。任何关于请求合法性的疑问由图书馆职员提交给图书管理员。请求者需要付服务费给图书馆。在提供服务时，图书馆使用其复印机。收费的目的是承担图书馆的成本，不是为获利。原告由法律报告和法律书籍的出版商组成，他们声称被告图书馆的上述行为侵犯了原告的版权。原告提供了 11 份法律图书馆拥有的典型作品作为样本，原告对作品享有版权。作品包括法律教科书，主题索引，判决摘要，原告编辑附以包含排版标注、法律顾问名字等出版商提供的关于案件通常信息的判决提要的法庭判决。案件提交给加拿大联邦法院，经过联邦上诉法院，到达最高法院。

判决由首席法官 McLachlin 执笔，法院一致认为，原告对提交法庭的多数作品拥有版权，但被告并未侵犯版权。一部作品要享有版权必须是“独创的”。法庭重申早已确立的著名原理，要成为独创，作品必须源自于作者而不仅仅是复制，版权不保护思想，只保护表达或思想传达的方式。对于后者，法庭认为作品必须固定从而获得版权保护。为符合“创新”资格，法庭认为作品需要运用技巧与判断力。技巧，意味着创作作品时运用知识、发展的天资、熟练的才能。判断，则意味着创作时运用洞察力，产生观点的能力，通过比较不同的可能选择来评价。技巧与判断力必然包含智力努力。运用技巧与判断力创造作品不能是如此不重要，以至于被冠以纯粹机械运用①。

法庭认为“技巧与判断力”的要求位于两个极端的中间。一个极端，要求作品是“创造性的”，设定了太高的标准，例如美国联邦最高法院著名的 Feist 案件。另一个极端，则是“额头出汗”或“勤奋”，标准太低。法庭判决原告对法庭判决理由不享有版权，也就是解决了原告添加的包括排版标注和关于案件其他信息的判决提要。原告进行的对判决理由的编辑方面的改变是不重要的，仅仅是机械的运用。但是，判例报告，包括添加的判决理由，构成了编辑，享有版权。安排、整理这些不同的成分要求运用技巧和判断。

加拿大版权法第三款是关于未经许可复制作品的实质性部分的规定。联邦上诉法庭部分依靠澳大利亚高等法院 Moorhouse v.University of New South Wales 案件判决，断定澳大利亚被告暗示认可、赞成版权侵权并提供可被图书馆访问者使用的复印机进行“授权”。本案中被告未能控制复制，反而以通知表明被告对机器使用者的侵权复制件不负责任。最高法院不同意 Moorhouse 案判决，指出该判决为支持版权人权利过于改变版权法中的平衡，总体上不必要地干涉使用者和社会的利益。法庭应推定授权行动的人这样做，只要符合法律规定。授权是一个事实问题，依赖具体情况。授权可以从少于直接和积极的事实推断出来，包括充分的中立程度。没有证据显示加拿大被告图书馆的主顾以

① CCH，supra，footnote 1，at para.16.

非法方式使用机器。即使存在这样的证据，被告无法控制人们可能使用机器进行侵权。

关于被告的“接近法律”服务在制作和发送复制件给请求者，最高法院与联邦上诉法院意见一致，被告已经证明其制作单一复制件的行为构成“为研究或私人学习目的的合理使用”。提供作品复制件给律师和其他被授权的人，帮助他们给客户提出建议、提交观点、准备辩论摘要和事实摘要或讨论案件，这样做是为了研究目的，尽管他们身在为盈利的律所。

法庭认为由联邦上诉法院 Lindent J.A.列举的下列因素提供了一个有用的、不必然完整的框架：使用的目的（研究等），使用的性质（没有被告传播多份复制件给多人的证据），使用的数量（没有请求者滥用的证据），使用的替代方式（因为图书馆大量的需求不允许借阅，去图书馆可能很不方便，特别是对于城外的律师，从原告处取得许可的有效性不能抵消合理使用的权利），作品的性质（接近法律），合理使用对作品的影响（不是与出版商进行商业竞争，没有他们的市场被负面影响的证据）。法庭支持被告普通惯例的证据足以满足其合理使用的答辩。

最高法院与初审法院和上诉法院的意见一致，即，被告的传真传送复制件给律师不是通过电讯给公众的侵权性通信。传送单一复制件给单一个人不是传送给公众，尽管一系列重复传送同一作品给许多不同的接受者可能是这样。

法庭的明确决定是，Feist 标准是美国宪法的要求，其高于在加拿大的要求。法庭是如何提供了一个“独创性”的充分定义呢？该案中，为帮助理解其“独创性”的定义，最高法院使用其他可能最终被认为需要进一步定义的词语来定义“技巧”和“判断”。这样极易陷入解释的解释之中，无穷递推。这完全与澳大利亚著名的法官 Dixon J.的观点形成对比，Dixon J.对编辑这样说：一些独创性的结果必须被创造。这并不意味着必须贡献新的或者创造性的想法。作品无需展示文学的或其他的技巧或判断，但它必须源自作者，要超出其他材料的复制品[①]。Hugh Laddie 在《现代版权和设计法》中提出独创性有不同的种类[②]。澳大利亚著名学者 S.Ricketson 在《知识产权、版权、外观设计和秘密信息法》书中提出“没有必要满足任何特定的标准或优秀的水平”[③]。

以摄影作品为例，如获得相当成功，一位职业摄影师必须运用实质性技巧与判断，挑选最佳地点，放置和校正心仪的照相机，也许等待几小时或几天，只为适合的时刻进行摄影。本案中，法庭没有详细陈述“技巧和判断”如何被证明或证伪。

合并技巧与判断，正如法庭定义的，无疑是独创性的一个极好的标准，足以裁判眼前的案件，但不能胜任取代惯例，诸如一个或者结合努力，智力劳动，勤奋，知识，学问，经历，天资，能力，洞察力，品位，判断力，技能，判断，代价，还可增加的关于独创性的列表。在所有案件中要求“技巧与判断”势必排除一些迄今为止被认为是具有独创性的作品。需要警惕简单约化的错误。一些短的或者相对简单的作品被认为没有涉及独创性表达，但就像 Megarry J.在

① Victoria Park Recreation Grounds Co.Ltd v.Taylor（1937）58C.I.R.479 at p.511.

② Laddie et al.，The Modern Law of Copyright and Designs，3rd ed.（London，Butterworths，2000），§3.69.

③ The Law of Intellectual Property，Copyright，Designs and Confidential Information，2nd ed.（Sydney，Lawbook Co.，1999）looseleaf updated，§ 7.55.

British Northrup Ltd.V.Texteam Blackburn Ltd.中所说，“我不认为一幅画仅仅由于基本、平凡物品而使其过于简单而不能成为版权的主题”[①]。即使一些复制也可能符合法庭关于“技巧”和“判断”的定义。

CCH 案中，加拿大最高法院引用 Feist 案中美国联邦最高法院的判决一段话，“额头出汗”原则有诸多缺陷，最引人瞩目的是将版权保护延伸到事实本身，超出编辑者的最初贡献——选择和排列。在此原则下，侵权的唯一辩护是独立创作。后来的编辑者没有资格摘取以往出版的资料的任一单词，而宁可说是“独立地解决问题”，为了从同样普通的资料来源中取得同样的结果。因采用“额头出汗”原则，法院因此回避了版权法最基本的原理——没有人能够对事实和概念想法拥有版权。对“额头出汗”原则的关注使加拿大最高法院与美国联邦最高法院产生了一定程度的共鸣。有学者考证[②]，在 Feist 案中，“没有资格摘取以往出版的资料的任一单词”坦率地说是一个站不住脚的夸大之词，似乎来源于 1886 年 Wood V.C.为避免侵犯版权而陈述的理由：假设一本路程指南，作者必须自己计算里程碑。对一幅新发现岛屿的地图，作者必须经历三角测量，仿佛他没有看过任何从前的地图，通常不独立自己解决问题的话，他没有资格摘取以往出版的资料的任一单词，为了从同样的资料来源中取得同样的结果，他能合法使用以往出版物的唯一利用方式是核实自己取得的计算和结果。按照这种思维，耗费的时间、精力、财力成本巨大，最核心的问题是许多

① 【1947】R.P.C.57 at p.68（Ch.D.）
② W.L.Hayhurst，The Canadian Supreme Court on copyright：CCH Canadian Ltd. V .Law Society of Upper Canadian，Canadian Business Law Journal 2004，p.143.

从事的是无用功，著作权领域的知识借鉴名存实亡，这种观点过于极端，与促进文化发展目标背道而驰。

加拿大最高法院认为，作品不能是如此不重要以至于它被冠以纯粹机械运用。纯粹机械运用可推定包括仅仅办事员式的分类和收集近在手边的事实，或者将事实输入机器（例如电脑），由机器以不需要特别编程方式操作。它可包括使用录音机录下演讲者的话语，与 Lord Davey 称记者写下 Lord Rosebery 关于古老的 Walter v.Lane 案件演说的真实记录所运用的技巧、劳动和代价成对照。

Feist 案判决涉及先存的材料不可避免的按照字母顺序排序。在美国联邦第七巡回上诉法庭随后的判决中①，波斯纳法官代表法庭，在一起用电脑处理的数据库案件中支持了版权，倾向使 Feist 案影响最小化。

案件留下了指示性还是定义性的疑问。有评论认为，加拿大最高法院没有必要尝试定义什么是“独创性”，在将来加拿大版权案件中，其关于技巧与判断的标准不能作为有约束力的先例。谁有资格作为作者，对个人声誉和谋生前景都至关重要，然而法庭没有提供任何指引：如果要求技巧与判断，声称作者必须要贡献两者中的哪些？假设一件声称侵犯版权案件，足以证明被告已复制了作品的“实质性部分”，是否一定要证明被复制部分本身是技巧与判断的产物？② 像教科书那样，一个人可以轻易列一份各类案件中不时被认为是有帮助的原创性指示的特性的清单，但是在此案件中某些作品显著的特性可能与彼案

① Assessment Technologies of Wisconsin v.WIREdata Inc.，68 u.s.p.q. 2d 1953（2003）.

② W.L.Hayhurst，The Canadian Supreme Court on copyright：CCH Canadian Ltd. V .Law Society of Upper Canadian，Canadian Business Law Journal 2004，p.145-146.

不同作品的特性有别。这样的清单是指示性的而不是定义性的，从这样的清单中挑选出三两个特性作为统辖所有独创性作品的准则，鉴于适合法定种类的文学、戏剧、音乐、艺术作品众多的多样性，一定会不公平地排除某些作品。在所谓极端的创造力与勤奋之间的某个地方，一定包含偶然的因素，它既不是技巧也不是判断的结果，或者是无意识的，或者是潜意识的，可能是创造性的，让人想起没有显而易见的技巧与判断。相比技巧与判断，创造力也许是关于独创性另一个标准，勤奋也是如此。相比技巧与判断，创造力和勤奋在所有案件中是独创性的高标准还是低标准？令人疑窦丛生。

以往案件中，寻求平衡似乎已经成为一个考虑因素，作者的勤奋在判定其创作的作品不能成为复制者的免费使用方面是有说服力的。仅仅一个人产生某物的事实不足以使其作品具有独创性。Lord Atkinson 在 Macmillan and Co.Limited v.K.&J.Cooper 案中拒绝给取自单一来源的文学短文编辑以版权，“取得作品的版权，这是必要的：花费的劳动、技能、资金应足够给予作品一些原料不具有的性质或特征。”[①]

简而言之，如果通过少量技巧与判断创作出来，作品应被认为是独创性的，但是也不能排除其他可能性。该主张聊胜于无，但还是有些雾里看花。

2006 年 1 月 25 日，巴黎上诉法院在欧莱雅等公司诉贝绿尔公司案中首次做出了香水著作权被侵权的判决。该案中，欧莱雅公司与兰蔻、乔治·阿玛尼、拉尔夫·劳伦、姬龙雪等品牌公司针对比利时的贝绿尔公司仿制和销售香水的

① （1923），130 L.T.675 at p.679（P.C.India）.

行为提起诉讼。在一审判决中，巴黎大事法院将香水的配方与音乐的乐谱相类比，认定香气是香水调配师为美学目的，选择不同香料而配成的独创性气味，从而构成一种精神产品。但是，大事法院又认为自己没有能力认定贝绿尔公司的香水是否抄袭了欧莱雅等公司的产品。

在香水盗版的判断上，巴黎上诉法院主要根据两项指标对每一组原版和盗版香水进行相似性审查，分别认定了盗版行为的成立。比如，对于贝绿尔公司的“粉红奇迹”香水和兰蔻公司的“奇迹”香水，布里斯－马哲洛维奇知识产权代理公司出具的嗅觉测试结果表明，77%的女消费者认为这两种香水相近，其中 80%的人认为很相近；该代理公司所进行的物理－化学分析表明：“奇迹”香水的 30 种构成香料中有 26 种被用于“粉红奇迹”香水配制[①]。

法国法院对香水案的判决，可能有保护本国知名产业著名商品的经济考虑在其中，但该案判决在论证上难以令人信服。法典对作品是非穷尽性列举，嗅觉产品也只是具有成为作品的可能资格，不能简单与该法典第 L.112－1 条结合，就判定香水是作品。香水制造商是如何在香水中体现自己的精神的，判决在香水与精神作品之间，论证链条有明显欠缺。以结果裁判的思维审视本案判决，基于裁判论证的进路，菜肴烹制者也可主张菜肴是一种精神作品，表达了自己对美的创意，诸如此类，势必模糊直至混淆作品与产品的界限。因此，香水这种非视觉作品的司法认定，裁判足以挑战人类感官底线，著作权侵权裁判因地制宜、因时而变。香水案中，一审法院对判定涉案香水是否有抄袭行为都

① 冯术杰：《盗版香水在法国遭遇司法审判》，载《中国知识产权报》2006 年 7 月 14 日第 010 版。

没有信心，恰恰说明著作权司法应在判断侵权与否时步子不可迈得过快过大。

在我国，司法政策因势而变。2011 年，最高人民法院提出了“加强保护、分门别类、宽严适度”的知识产权司法保护基本政策。在 2011 年全国法院知识产权审判工作座谈会主报告首次系统提出，加强保护是当前知识产权司法保护的主要矛盾、基本定位和价值取向[①]。2011 年 12 月 16 日最高人民法院发布规范性文件指出，要强化保护观念，充分认识加强保护是当前知识产权司法保护的主要矛盾、基本定位和政策取向，统筹好国际国内两个大局，用足用好知识产权法律，加强各类知识产权司法保护，切实降低维权成本和加大制裁力度[②]。2016 年，要贯彻“司法主导、严格保护、分类施策、比例协调”的基本司法政策，以严格保护、深化改革、完善制度、统一规则为着力点，严格保护是我国司法保护的主基调和基本导向[③]。对照“加强保护”与“严格保护”的具体解读，政策基本方向没有变化。

三、体系思维的融洽贯通

罗耀先诉广东万家乐集团公司著作权纠纷案[④]，原告主张对“万家乐-MACRO”这一特有名称中英文对应组合及特有名称“万家乐”的特有英文名

---

① 时任最高人民法院副院长奚晓明:《充分发挥知识产权审判职能作用为推进社会主义文化大发展大繁荣和加快转变经济发展方式提供有力司法保障——在全国法院知识产权审判工作座谈会上的讲话》。

② 《最高人民法院关于充分发挥知识产权审判职能作用为推进社会主义文化大发展大繁荣和促进经济自主协调发展若干问题的意见》(法发【2011】18 号)

③ 最高人民法院副院长陶凯元:《充分发挥司法保护知识产权的主导作用 为建设知识产权强国和世界科技强国提供坚强有力的司法保障和服务——在知识产权审判工作座谈会上暨全国法院知识产权审判“三合一”推进会上的讲话 》。

④ 参见广东省佛山市中级人民法院（1999）佛中法知初字第 109 号民事判决、广东省高级人民法院（2000）粤知终字第 15 号民事判决。

称 MACRO 享有著作权，被告未经原告同意使用原告的作品，侵害了原告的著作权，请求判令停止侵害行为。一审法院认为，MACRO 是英语中固有的单词，其含义是固有的，该词源于公知、公有领域，不属原告原创的作品，不受著作权法保护。原告提议的"MACRO"在读音、寓意、形态上等与"万家乐"巧妙结合，有一定的新意，且原告付出了一定的劳动，被告可给予适当的补偿。由于原告没有该项诉讼请求，故法院不予处理。二审法院认为，MACRO 是英语已有单词，有其固有含义，应属公有领域，该单词不是著作权法保护的客体。原告最先提出和使用"万家乐-MACRO"，并不等于其就具有独创性，MACRO 一词早已存在，不能因为原告先将其首次公开对应使用于"万家乐"而成为原告独创的作品或词汇。二审法院从语源、普通消费者角度论证 MACRO 不享有著作权，但在论证"万家乐—MACRO"时不充分，以这对中英文组合的中文部分、英文部分早已存在而不具有独创性，替代了中英文组合本身是否具有独创性的判断。各部分不具有独创性，推导出组合整体不具有独创性，这种推论不符合逻辑，显然属于合成谬误，论证效力难以令人信服①。黄霑那句著名的广告词"人头马一开，好运自然来"，分割判断，岂不是也不具有独创性。丰田车的广告词"车到山前必有路，有路必有丰田车"，也是组合起来才具有了独创性。在著作权侵权案件中，裁判在判断作品的独创性等侵权关键词时，需要融贯性思维，力戒合成谬误。

"索尼案"判决给我们提供了体系化思维的反例。美国联邦最高法院判决中以"作者控制与利用作品所获收益"应与"思想、信息和贸易的自由流通"

① 合成谬误是无效论证，其中有一类合成谬误是从作为整体之部分的性质得到整体本身性质的推理，是从部分到整体的无效推广。参见[美]欧文·M·柯匹、卡尔·科恩：《逻辑学导论》（第 13 版），张建军等译，中国人民大学出版社 2014 年版，第 179-180 页。

实现平衡为指导，判决该案中合理使用的成立。不同法官对“改变观看时间”而录制的性质有重大分歧，导致他们考虑“对作品潜在市场和价值的影响”要件时，对原告举证责任的要求截然不同。少数派法官认为，索尼公司的录像机剥夺了电影公司开发新市场的能力；而多数派法官则认为，“改变观看时间”并不可能导致对原告作品的潜在市场或价值的显著损害。由于多数法官没有采用边际分析，该案创设的“实质性非侵权用途”标准放弃了考量“侵权用途”与“非侵权用途”的比例，这使得后来在处理P2P软件服务商的著作权问题时，服务商频频引用“实质性非侵权用途”标准，以存在所谓非侵权用途为由抗辩著作权人，直接导致了著作权产业的重大损失。因此，美国不得不接连用《家庭录音法案》与Grokster案的“引诱侵权”判决来弥补“索尼案”的遗漏[①]。

第二节　裁判论证的演绎解析

一、法条意义的递进论证

著作权法中的诸多名词、权利、行为类型，难以依靠普通人的日常理解进行适用，司法实践中往往都需要对该名词、权利、行为的二次解释，有时，可能需要对二次解释进行再解释，如此层层推进，直至法官认为普通人能够正确理解案件中提及的著作权法言法语。

① 参见熊琦：《著作权的法经济分析范式——兼评知识产权利益平衡理论》，载《法制与社会发展》2011年第4期，第39页。

针对著作权法的保护对象——作品，其也是著作权法的核心概念名词之一，《著作权法》在第三条指出，本法所称的作品，包括以下列形式创作的文学、艺术和自然科学、社会科学、工程技术等作品，采取的是外延式封闭式规定，可视为对作品“属”的规定，至于作品是什么，不得而知①。对于作品的“性”的规定，需要《著作权法实施条例》第二条予以明确，著作权法所称作品，是指文学、艺术和科学领域内具有独创性并能以某种有形形式复制的智力成果。同时，作品的具象化理解要依靠第四条规定的辅助解释：著作权法和本条例中下列作品的含义：（一）文字作品，是指小说、诗词、散文、论文等以文字形式表现的作品。层层推进无疑加重了司法的作业量，在其中任何一个环节的“失之毫厘”，都可能导致最终判决结果的“差之千里”。

在黄家乐诉广东世界图书出版有限公司著作权侵权纠纷案中②，原告诉称，被告在其出版发行的《岭南盆景一本通》一书中，擅自大量采用原告花了多年心血、精心栽培的盆景照片，请求法院判令被告赔礼道歉，停止侵害，赔偿侵权所得及律师费等相关费用。

被告答辩主要观点之一是，植物盆景不是我国著作权法保护的对象，从著作权法关于作品的定义以及《著作权法实施条例》保护的作品种类来看，盆景不是著作权法保护的范围。目前没有一份具有法律效力的材料证明盆景可以划入受著作权法保护的某类作品的范围。植物盆景在词典里的定义为“用植物种

① 这一点有争论。有学者认为是不完全列举方式，参见梁慧星：《电视节目预告表的法律保护与利益衡量》，载《法学研究》1995年第2期，第86-87页。有学者认为是完全列举，参见孟勤国：《也论电视节目预告表的法律保护与利益衡量》，载《法学研究》1996年第2期，第157-158页。

② 参见广东省广州市中级人民法院（2004）穗中法民三知初字第253号民事判决。

植或布置于盆中，使之成为自然景物缩影的一种陈设品。”从盆景的特点特性考察，它不符合著作权法中作品的定义及保护要求。比如其生长变化的植物特性，对水、肥以及修剪的依赖，还有植物的不可复制的特点等都不符合著作权法中对受保护作品的基本要求。

案件争议焦点之一就是盆景是否为我国著作权法保护的对象。原告、被告对此作出了截然相反的回答。原告认为，我国著作权法第一条立法原意在于保护文学艺术和科学作品的著作权。盆景比较接近著作权法中所称的美术作品，从概念分析，美术作品包括了盆景，盆景应当受我国法律的保护。

根据法庭询问，原告回答了相关问题。原告声称，从创作的手法而言，盆景是再现大自然的景画，岭南派盆景与岭南派画景是相同的，但创作的手法完全不同。完成本案涉案盆景作品中的其中一个作品起码要经过一二十年时间，必须有功底雄厚的人才。从盆景的栽培方法来看，完成一个盆景作品要具备以下条件：一、要有一个自然界的环境，即环境生态；二、要懂得病虫害的防治；三、要有美术的构图和构思；四、要遵循植物生长学的原理。从盆景的选材与是否能被复制的问题来看，要有懂得栽培盆景的人才能做得到。从盆景的形成周期和生长周期来看，按照盆景的大小，小的需要 3 到 5 年，大的需要 15 年左右，庞大的需要超过 20 年。至于盆景的生长时间，要看是否懂得养护，如果懂得养护，盆景生长 100 年都不会死。从盆景成形后的外观形态而言，一盆盆景成型后，基本上不会再长大，一般很长时间都不会变。至于其外观形态的维持，关键要看是否懂得养护，如果不懂得养护，好的盆景会变成坏的盆景，懂得养护的，坏的盆景会变成好的盆景。从盆景的艺术创造性方面，盆景的艺术创造性是源于自然而胜于自然的大自然景观微缩，是以小见大，盆景艺术有很高的审美价值。

被告方认为盆景不能成为我国著作权法保护的对象，针对原告的陈述进行了逐条反驳。关于盆景的栽培方法，栽培盆景不是原告的独创，这也印证了盆景不是著作权法所保护的对象。原告方陈述盆景制作要利用植物栽培学原理，这是科学的原理，不是原告方的独创，杀虫害也不具有独创性，剪枝、加工等是一种利用，也不具有独创性，这种栽培和普通植物的栽培是大同小异。

关于盆景的选材与是否能被复制的问题，被告认为关于盆景的选材，原告有两种说法，一种是认为只要看到树具有一定的形状就可以做盆景，另一种说法是可以用不同的树来做盆景，这种说法也恰好印证了盆景不具有独创性。本案也不存在复制盆景的问题，因为盆景是不可能被复制的。

关于盆景的形成周期和生长周期的问题，被告认为盆景植物作为一个作品，是无法界定盆景的完成日期的，因为盆景会一天天生长，一天天发生变化。要认定盆景的完成时间和创作者是一件非常困难的事。

关于盆景成形后的外观形态的问题，被告认为作为盆景栽培者，不让盆景长出树干叶子是不可能的，长不长树叶，在哪个地方长不是人所能控制的，只是生长之后由栽培者进行修改。植物盆景和我们通常看到的所有植物盆栽并没有本质的区别，两者同样具有观赏价值，作为盆景，它的创作手法也是浇水、施肥、杀虫等，和普通的植物栽培完全一样。

关于盆景作品的创作者的问题，被告认为据其了解，首先盆景是应该由特定人或不特定人来完成的，这中间经过多少人之手不好确认的，原告方也陈述过盆景需要经过杀虫浇水的问题，被告方认为盆景的栽培过程并不是一个人独立完成的，根本无法界定盆景的作者是谁。

关于盆景的艺术创造性的问题，被告认为涉案盆景不是著作权法所保护的对象。从著作权法实施条例第二条规定的定义来看，著作权法保护的作品属文学艺术和科学领域，盆景虽然有艺术性，但其是一种植物，植物不属于文学艺术也不属科学领域；盆景是一种植物，植物的种类、形态都是天生的，并不是个人独创的，现在的盆景只不过是利用了植物的某些形状进行加工，这和著作权法所保护的对象是不同的，盆景并不符合著作权法规定的保护对象定义。从著作权法所保护的权利来看，被告方认为盆景不是著作权法保护的对象，因为盆景的所有者不能拥有著作权法规定的人身权方面的基本权利，如不能拥有保护作品完整权等，盆景的枝叶不断被修剪，盆景本身就不完整，如何去保护其完整性。

法庭归纳的案件争议焦点还有：被告实施了何种行为，该行为是否构成侵权？艺萃苑是否公共场所？被告是否已尽合理审查义务。原告认为实际上实施摄影行为和出版行为的主体均系本案被告，经询问，原告明确表示不同意追加摄影行为实际实施人和涉案图书署名摄影作者为本案的被告。原告对被告的不变立场，实际上影响了案件的审理方向和最终走向。法庭对此并没有足够重视，而是论证原告权利是否存在，这实质上是涉案图书署名摄影作者被追加被告后法庭审理方向。

法院认为，盆景是中华传统艺术的一种，具有独创性，应当归入美术作品一类予以保护。本案涉及的盆景分为三类，一类为尚在艺萃苑内且已经装盆的盆景，第二类为在艺萃苑内尚未装盆的树胚，第三类为未存放在艺萃苑且原告称已经出售的盆景。对于尚在艺萃苑内的已装盆的盆景应当视为已经完成的作品，受到著作权法的保护。对于尚在艺萃苑内未装盆的盆景，虽属尚未完成，但在创作过程中已经体现出一定的美学价值，具有一定的独创性，也应视为作品，受著作权法的保护。其中第 79 页的松树盆景原告称其是八年前从朋友处买回来的，创作盆景的材料可为树胚亦可为小苗，原告在创作过程中对其进行了长期的创造性的智力劳动，该松树盆景应当视为是原告创作完成的盆景作品。对于原告所称由其创作完成但是已经出售不在艺萃苑内的盆景，由于原告未能举证证明其陈述是否真实，未能证明盆景的归属亦未能证明这些盆景由谁创作，不予确认这部分盆景作品的著作权归属原告。

针对法院的上述论述，有学者提出疑问，法院并没有明确盆景属于何种美术作品，可以视为雕塑作品吗？盆景会自然生长，这是影响它被视为作品的因素吗？整体而言，盆景行业需要赋予盆景以独占权吗？同行业的抄袭很严重吗？[①]

对该案判决，我们需要思考如下问题：

首先，法院定性盆景属于美术作品的方式。“盆景是中华传统艺术的一种，具有独创性，应当归入美术作品一类予以保护。”简单一句话，否定了前述被

① 崔国斌：《著作权法原理与案例》，北京大学出版社 2014 年版，第 145 页。

告方的长篇抗辩。如果是“中华传统艺术的一种”，应该广为人知，被告方的辩解，是出于无知，还是是无理狡辩？“盆景是中华传统艺术的一种，具有独创性”，某种艺术种类具有独创性，是否存在以偏概全之嫌？最还方式是就事论事，在个案中对某个智力成果作具体判断。“应当归入美术作品一类予以保护”，没有指明属于哪种类别美术作品。是属于《著作权法实施条例》中明文列举的“绘画、书法、雕塑”等法定类型，还是属于剪纸、折纸、刺绣、织锦等民间熟知、公认的类型？判决一句话，留下一连串的疑问。与法庭论证第四个争议焦点“被告是否已尽合理审查义务”中隐含冲突。法庭认为，“对于盆景是否应当作为我国著作权法保护对象，作为出版社确实难以判断”。既然出版社对此难以判断，法庭更应该对被告方释法明理，详细解释为何涉案盆景属于作品，属于何种美术作品种类，不能让被告方心中的盆景美术作品在判决后依旧是“像雾像雨又像风”，不能让被告方的大段大段否定作品抗辩变成无用功。对于被告方，输掉了否定作品的主战场，却在审查义务战线一举扭转乾坤，官司赢的可谓是有些意料之外。

其次，法院没有回应被告抗辩的多个理由。“固定”，正常人单凭肉眼就能看到变化，对是否构成作品形成挑战。几个月后，或几年后，盆景如果面貌大部分或实质性改变，作品同一性如何保持？如果依靠不断修剪来保持基本面貌，同样也是人工方式维持同一性，是否还是当初的那个“作品”？与固定性要求有无抵触？对盆景作品而言，什么是固定，何时固定，固定到什么时候？一般理解是，作品一经完成，即为固定，如果作品还处在不断成长之中，固定体现在何处？修改权与保护作品完整权有无实质冲突？判决留给太多的追问。

在社会科学文献出版社与张五常等著作权侵权纠纷案中，二审法院在判决中指出，社会科学文献出版社对作品的上述改动是按照作品的性质及使用目的和状况所做的不得已的改动，这种改动无损张五常作为《随意集》作者之声誉和人格利益，并未侵犯张五常对其作品《随意集》的修改权及保持作品完整权。判决字里行间有将修改权及保持作品完整权与是否有损作者声誉和人格利益相关联的暗示。此种司法立场是否恰当，值得深思。法国和德国都将未经授权修改作品的行为视为侵犯作品完整权的行为，而不考虑是否有损作者声誉[①]。

在张志国诉中国社会福利教科中心影视部等版权纠纷案中[②]，一审法院认为，由于第三人柳信与原告在电视剧中均履行过导演职责，故被告对电视剧导演署名的安排并无不当。在周桓诉董维贤、湖南文艺出版社著作权纠纷案中[③]，一审查明事实是，董维贤任丛书主编，约周桓与第三人张岚芳合作为京剧艺术家叶盛兰撰写传记，原告在写作过程中，张岚芳为其提供了部分写作资料。一审法院认为，涉案书籍是原告独立构思、直接创作的作品，写作期间虽有第三人的合作，但原告的工作显然是主要的，因此原告理应为第一作者。被告董维贤擅自改变署名顺序，侵害了原告的署名权，应承担主要责任，被告湖南文艺出版社出版发行书籍前未直接征询作者意见亦为不妥，应承担相应责任。依据《民法通则》第一百一十八条的规定，判决涉案书籍第一作者应为原告周桓，

---

① See Rigamonti，Deconstructing Moral Right，supra note 8，at 364.

② 参见北京市宣武区人民法院（1990）宣民字第 261 号民事判决。

③ 参见北京市东城区人民法院（1990）东民监字第 16 号民事判决、北京市中级人民法院（1991）中民终字第 1943 号民事判决。

第二作者应为第三人张岚芳。二审法院查明的事实是，经董维贤安排，周桓与张岚芳（叶盛兰之弟子）合作撰写叶盛兰传记。在写作过程中，由张岚芳追忆、口述叶盛兰部分生平事迹，并提供了部分写作资料，周桓执笔写作。二审法院认为，《叶盛兰》一书系周桓、张岚芳之合作作品，双方均享有署名权。董维贤在未征求作者意见的情况下，擅自通知湖南文艺出版社更改作者署名顺序的作法是不妥的，应予批评；周桓认为董维贤的行为侵犯著作权，要求其承担侵权的民事责任，缺乏法律依据，判决驳回周桓的诉讼请求。司法如何介入署名权纠纷？最高法院在《关于审理著作权民事纠纷案件适用法律若干问题的解释》第十一条规定，有约定的按照约定确定，没有约定的，可以按照创作作品付出的劳动、作品排列、作者姓氏笔画等确定。

可见，我国司法裁判中并非奉行司法最低成本主义。实践中法官对署名权纠纷的不干涉态度，可能源于以下认知："署名权虽然反映着各个合作作者在创作作品中的贡献和作用的差别，并且在一定程度上影响社会舆论对作者成就的评估，但署名顺序先后并不能改变作者享有权利的性质和范围。"[①]但是，如果对署名权纠纷进行全局审视，我们需要考虑，不予受理是否会造成合作作者之间的利益失衡，一方诉讼无门，用脚投票，以后不再合作；对社会而言，失去了一个以正试听的机会，证明谁的贡献多。署名顺序实际牵涉利益关系，尤其是高校学术定量化的背景下，第一作者对职级晋升具有非同小可的重要意义。值得注意的是，司法对于创作过程的介入，极易导致法律评价与艺术评价的混

① 参见邵明艳：《周桓诉董维贤擅自更改合作作品作者署名顺序侵害著作权纠纷案》，载最高人民法院中国应用法学研究所：《人民法院案例选》（总第 2 辑），人民法院出版社 1993 年版，第 89 页。

淆，使法官陷入对作品社会价值等判断的泥沼中，这是在处理署名权纠纷时法院需要格外警惕之处①。

在点校古籍引起的纠纷中，应否赋予古籍点校人著作权，司法实践中判决不一，学术界争论热烈。有学者根据洛克的劳动理论，认为古籍点校成果是一种智力劳动成果，是点校者知识、智慧的结晶，具有“智力创作性”这一知识产品的本质特征。点校者通过智力劳动对古籍附加了一定的价值，其对该价值应享有某种财产性权利或者权益。只要点校者对事实的表达符合著作权法规定的保护条件，可以构成著作权法意义上的作品，可以得到著作权法的保护。至于多人所进行的古籍点校成果的表达必然趋同，亦应保护在先成果；而对在后出现的表达趋同之成果，即使不构成抄袭，那也是一种重复劳动，法律制度应予以抑制②。

从技术层面看，古籍点校通过对古籍进行分段、加标点、增删补改字，使当代人可以方便阅读、利用古籍。从法律层面看，点校可视为“整理”。点校成果，如果达到独创性，应给予著作权保护。根据著作权法原理，即使相同，也要拥有著作权，不能给予在先点校人垄断权，否则就混淆了著作权与专利权的界限。由于实质性相似加接触的著作权侵权判定标准的存在，在后出现的表达趋同之成果的点校人要承担较重的举证责任。在司法实践中，有些法院在相

① 参见何帆：《大法官说了算：美国司法观察笔记》（增订本），中国法制出版社 2016 年版，第 181-190 页关于美国联邦最高法院法官审查禁书和电影所遭遇的窘境。

② 严永和、王雅宇：《如何保护古籍点校成果的著作权？》，载《中国知识产权报》2016 年 1 月 15 日。

关案件中把古籍点校成果作为一种民事权益予以保护[①]。

对有关临摹案件的裁判，提示我们在递进论证中，需要注意法条意义续造时的绝对性认知[②]。1990 年《著作权法》第五十二条规定，本法所称的复制，指以印刷、复印、临摹、拓印、录音、录像、翻录、翻拍等方式将作品制作一份或者多份的行为。临摹被明文规定为一种复制方式。2001 年《著作权法》第 10 条将 1990 年《著作权法》中的“使用权”更替为“复制权”，规定“复制权，即以印刷、复印、拓印、录音、录像、翻录、翻拍等方式将作品制作一份或者多份的权利”，删去了“临摹”方式。2010 年《著作权法》和《著作权法》（修改草案第一稿）的相关规定与 2001 年《著作权法》相同。2001 年《著作权法》仍未明确临摹的法律性质，“临摹”仅出现于合理使用规则项下，导致“侵权”现象被忽略。一种较为流行的观点认为，临摹一概不构成侵权[③]。

立法的含混不清导致司法实践中当事人甚至法院对“临摹”适用对象和行为方式的理解错乱，“临摹”被广泛运用于建筑作品、摄影作品、雕塑作品、产品设计图纠纷中，造成语言系统的混乱。纵观历部著作权法，重心都放在“临摹”与“复制”的关系上，忽视了“临摹品”自身的法律地位，这也是司法实

---

① 如，“郑福臣诉大众文艺案”中，一审法院指出“尽管郑福臣无权以其断句和标点行为为依据对涉案书籍主张著作权，但其进行的断句和标点也投入了大量的智力劳动，该种劳动成果应当作为一种民事权益受法律保护”。参见北京市朝阳区人民法院（2011）17229 号民事判决。

② “被控侵权图案系对涉案作品临摹所产生，缺乏构成作品所必备的创造性，应视为原作品的复制件而并非新的作品。”参见上海知识产权法院（2015）沪知民终字第 441 号民事判决。

③ 相关表述如“上诉人以为是临摹。因此，上诉人主观上无侵权故意”，参见江苏省高级人民法院（2006）苏民三终字第 0052 号民事判决（欧雅公司与陈秀骥案）。“吴来露发表的作品是临摹不是复制，不构成侵权。国画和书法的传承始于临摹，现行的著作权法也不视临摹为侵权行为”，参见安徽省高级人民法院（2009）皖民三终字第 0005 号民事判决书（方仲华与吴来露等案）。又如部分法院在论述临摹时仅强调将临摹与复制相区分，而未提及合理使用的条件。参见“李本渊诉冯源侵犯著作权纠纷案”，河南省郑州市中级人民法院（2010）郑民三初字第 80 号民事判决。

践往往将二者混淆，根据临摹品是否具有独创性来判断临摹者是否侵犯原作者权利的可能原因。

二、裁判论述的增强论证

在珠江电影制片公司白天鹅音像出版社与中国体育报业总社、哈尔滨中央书店著作权侵权纠纷一案中，一审法院认为[①]，中国体育报业总社通过与第九套广播体操著作权人国家体育总局签订《第九套广播体操出版合同》，取得涉案第九套广播体操作品独家复制、出版、发行等权利，符合《著作权法》第十条的规定。法院认为中国体育报业总社的权利来源于国家体育总局的著作权，对广播体操构成作品没有论证。有疑问的是，广播体操这种《著作权法》没有明文规定的作品种类，是否是不言自明的作品？法律和行政法规规定的其他作品没有列明广播体操。广播体操最有可能归入的作品形式可能是舞蹈作品、杂技艺术作品，但根据《著作权法实施条例》的定义[②]，广播体操如果构成舞蹈作品需要论证是否、如何“表现思想感情”的，如果构成杂技艺术作品则必须经受“通过形体动作和技巧表现”的诘问。国家体育总局不能通过《第九套广播体操出版合同》就为自己创造出一个作品类型。在广播体操能否构成作品的前提还没有确定的情形下，论述中国体育报业总社取得的独家复制、出版、发行等权利无疑是无源之水。

---

① 参见黑龙江省哈尔滨市中级人民法院（2013）哈知初字第104号民事判决。

② 舞蹈作品是指通过连续的动作、姿势、表情等表现思想情感的作品，杂技艺术作品是指杂技、魔术、马戏等通过形体动作和技巧表现的作品。

在案件的二审程序中，上述疑点依旧没有得到澄清。黑龙江省高级人民法院认为[①]，按照国家体育总局群体司与中国体育报业总社签订的《第九套广播体操出版合同》，国家体育总局作为第九套广播体操系列产品的著作权人，其将第九套广播体操系列产品复制、出版、发行和网络信息传播权独家授予中国体育报业总社，并授权中国体育报业总社对未经授权的复制、发行、网络传播等非法行为依法进行追究，故中国体育报业总社有权提起本案诉讼。

在类似的案件中，也有法院意识到了这个问题，并进行了相应论证。中国体育报业总社与广东音像公司著作权侵权纠纷案即是一例。一审法院总结的案件争议焦点之一就是第九套广播体操的动作是否属于著作权法意义上的作品[②]。对此争议焦点，法院从构成作品的法定条件与作品的法定形式两个角度予以分析。

法院将构成作品的要求归纳为三个法定条件：必须属于文学、艺术、科学技术领域内的智力成果；必须是具有一定有形方式的表达而非单纯的思想；必须具有独创性。法院认为，无论是文学、艺术还是科学作品，其本质都是通过某种特定的媒介符号如文字、音乐、舞蹈、图形对人的思想、感情、知识进行交流与表达，从而展现文学艺术的感性之美和科学技术的理性之美。因此，不涉及人的思想感情和知识，不具有文学、艺术、科学审美意义的创作，无论其独创性有多高，都不属于文学、艺术和科学领域内的成果。广播体操是一种具有健身功能的体育运动，由屈伸、举振、转体、平衡、跳跃等一系列简单肢体动作组成，但与同样包含肢体动作的舞蹈作品不同，其并非通过动作表达思想

① 参见黑龙江省高级人民法院（2015）黑知终字第2号民事判决。
② 参见北京市西城区人民法院（2012）西民初字第14070号民事判决。

感情，而是以肢体动作产生的运动刺激来提高机体各关节的灵敏性，增强大肌肉群的力量，促进循环系统、呼吸系统和精神传导系统功能的改善。简而言之，广播体操的动作有强身健体之功用，而无思想情感之表达，既不展现文学艺术之美亦不展现科学之美，故不属于文学、艺术和科学领域内的智力成果。

将广播体操排除出“文学、艺术和科学领域内的智力成果”的基础上，法院从国际公约、版权法基本原则，到以烹饪方法举例说明，可以认为是进行周边论证。论述著作权法保护表达，而不保护思想，然后有针对性的论证了广播体操是思想还是表达。法院认为，广播体操是一种具有特定功能的身体练习活动，包含一系列连续的肢体动作，当这一系列动作按照规定的方式施行时，将产生既定的健身效果。因此，广播体操本质上属于一种健身方法、步骤或程序，而方法、步骤和程序均属于著作权法不保护的思想观念范畴。

法院基于上述分析，认定第九套广播体操的动作不符合构成作品法定条件中的两个，既不属于文学、艺术和科学领域内的智力成果，又属于著作权法不保护的思想观念范畴，因此不属于著作权法意义上的作品。

在此需要思考的是，法院将争议焦点归纳为“九套广播体操的动作是否属于著作权法意义上的作品”是否恰当？的确，九套广播体操是由一系列肢体动作组成的，但是是否属于著作权法意义上的作品，分析对象应该是作为整体的广播体操，而不是作为其一部分的动作。按照法院的思维路径，分析诉争文字作品时的争议焦点能否归纳为“某某小说的文字是否属于著作权法意义上的作品”？判决有时存在广播体操和广播体操动作混用的情况。判决论证是否可以只及一点、不及其余，存在疑问。

在否定了第九套广播体操构成作品的法定条件后，法院继续论证其属于作品的法定形式。广播体操显然不在著作权法第三条的明文规定范围之内。法院还考虑到了是否构成汇编作品的可能性。法院认为，组成第九套广播体操的各个动作，如屈伸、转体、跳跃等，均不构成作品，但对这些简单肢体动作进行创造性的选择和编排，创编而成的全套动作作为一个整体是否属于汇编作品呢？答案是否定的，理由如下：首先必须明确，汇编作品亦是作品。汇编成果要成为汇编作品，其首先必须是著作权法意义上的作品，必须具备作为著作权法意义上作品的三个法定条件，三者缺一不可。对内容的选择、编排体现独创性仅仅满足了三个法定条件之一即对独创性的要求，能否构成作品还取决于另外两个条件是否同时满足。易言之，对于内容的选择或者编排体现独创性的汇编成果，如果其本身不符合构成作品的其他条件，不属于著作权法意义上的作品，就不可能成为汇编作品。收集色彩斑斓、形状各异的石头也可能在选择上体现独创性，但无论把这些石头放进盒子还是放进箱子都不可能产生汇编作品，原因就在于这些选择和编排的结果既不属于文学、艺术和科学领域内的智力成果，也不是对思想的表达，本身就不是著作权法意义上的作品，更不可能成为汇编作品。同理，对于第九套广播体操而言，虽然对于动作的选择和编排均体现了独创性，但基于前文已阐明的理由，作为汇编结果的整套动作不是文学、艺术和科学领域内的智力成果，且本质上属于思想而非表达，不符合构成作品的另外两个法定条件，故不属于著作权法意义上的作品，自然更不能构成汇编作品。

从逻辑上说，否定第九套广播体操构成作品的法定必要条件之一，就足以否定第九套广播体操构成作品。法院之所以在判决中不惜笔墨详细论述两个否定理由，笔者认为属于增强论证，以多重理由强化判决说服力。法院认为广播体操与收集石头同理，这个比喻并不贴切。首先，同理的基础存疑。收集石头，如果堆积成具有独创性的小假山，行为选择、编排的结果可能属于艺术领域的智力成果，外观表达也可能体现行为人的思想，能够简单否定其成为作品吗？其次，同理的类比性也存疑。收集石头与广播体操，似乎都是动作的集合，不同的是，收集石头的动作可能形成具有独创性的外在物化成果，广播体操却不能。但是，广播体操能否因其内在性质而成为作品呢？有学者针对该判决提出思考：广播体操是否可以被视为具有健身功能的舞蹈作品？[①] 这也为我们提供了另一条思考方向，广播体操能否视为介于传统舞蹈与广场舞的中间形态？抑或，我们可以坚持文学、艺术、科学与体育的领域区分，将基本功能在于强身健体的广播体操与体现力量、速度、高度、技巧的竞技体育一视同仁，排除在文学、艺术、科学领域之外？

在上海美术电影制片厂（以下简称美影厂）与浙江新影年代文化传播有限公司（以下简称新影年代公司）、华谊兄弟上海影院管理有限公司（以下简称华谊兄弟）著作权侵权纠纷一案中，美影厂在原审中诉称，美影厂拥有动画片《葫芦兄弟》中“葫芦娃”角色形象美术作品的著作权，拥有动画片《黑猫警

① 崔国斌：《著作权法：原理与案例》，北京大学出版社 2014 年版，第 67 页。该学者进一步诘问：从舞蹈作品的角度考虑，法院关于汇编作品的分析还有道理吗？

长》中“黑猫警长”角色形象美术作品的著作权。新影年代公司制作的电影《80后的独立宣言》宣传海报上使用了美影厂拥有著作权的“葫芦娃”和“黑猫警长”角色形象美术作品，且有所变动。华谊兄弟在其新浪官方微博上还发布了该电影的涉案海报。美影厂认为，新影年代公司未经许可，使用“葫芦娃”和“黑猫警长”角色形象美术作品，构成对其修改权、复制权、发行权、信息网络传播权的侵犯；华谊兄弟的行为，构成对其信息网络传播权的侵犯，并与新影年代公司构成共同侵权。

原审法院以上海市第二中级人民法院、福建省高级人民法院的生效判决为依据，认定“葫芦娃”“黑猫警长”两个角色造型美术作品著作权属于美影厂，并对角色造型特征进行了较为细致的描述。法院查明，电影《80后的独立宣言》由新影年代公司投资制作，于2014年2月21日正式上映。涉案海报的内容为：上方三分之二的篇幅中突出部分为男女主角人物形象及主演姓名，背景则零散分布着诸多美术形象，包括身着白绿校服的少先队员参加升旗仪式、课堂活动、课余游戏等情景；黑白电视机、落地灯等家电用品；缝纫机、二八式自行车、热水瓶、痰盂等日用品；课桌、铅笔盒等文教用品；铁皮青蛙、陀螺、弹珠等玩具；无花果零食，以及涉案的“葫芦娃”“黑猫警长”卡通形象，其中“葫芦娃”“黑猫警长”分别居于男女主角的左右两侧。诸多背景图案与男女主角形象相较，比例显著较小，“葫芦娃”“黑猫警长”美术形象与其他背景图案大小基本相同。海报下方三分之一的部分为突出的电影名称“80后的独立宣言”以及制片方、摄制公司和演职人员信息等，并标注有“2014.2.21 温情巨献”字样。对海报内容的场景构建、画面比例的详细描述，为后面的论证打下基础。

“华谊兄弟上海影院”微博于2014年2月22日发布有关涉案电影海报的微博，主要内容是影片简介，微博文字下方配有涉案电影海报。

法院经当庭比对，涉案海报中被控侵权形象与美影厂主张权利的“葫芦娃”“黑猫警长”角色美术形象特征基本一致，美影厂指出了新影年代公司涉嫌擅自修改的部分。

《80后的独立宣言》是经国家广电总局电影管理局审查通过并正式公映的电影片，涉案影片中未有涉及“葫芦娃”“黑猫警长”的情节或内容。新影年代公司就该影片共制作了两张海报，除涉案海报外，另一张海报内容与“葫芦娃”“黑猫警长”无涉。涉案海报系由新影年代公司提供给华谊兄弟，华谊兄弟为配合电影上映宣传，在其官方微博上使用了本案涉案海报。

案件实质争议聚焦在新影年代公司在电影海报中对涉案美术作品的使用是否构成合理使用，其行为能否被视为“适当引用”。《著作权法》相应规定为，“为介绍、评论某一作品或者说明某一问题，在作品中适当引用他人已经发表的作品”；《著作权法实施条例》的规定则是，“使用不经著作权人许可的已经发表的作品的，不得影响该作品的正常使用，也不得不合理地损害著作权人的合法利益”。法院基于法律的列举性规定和行政法规的概括性规定进行了提纯，有所增益[①]。

一审法院从被引用作品的性质、引用他人作品的目的、被引用作品占整个作品的比例、引用是否会对美影厂作品的正常使用造成影响等四个方面对新影年代公司是否属于适当引用进行逐项分析，得出了肯定结论。

《著作权法》针对合理使用作出的一般性规定中"应当指明作者姓名、作品名称"，法院进行了弱化处理，不予适用。一审法院认为，海报中虽未对"葫芦娃""黑猫警长"标注作者姓名，但未署名并不当然影响对作品合理使用的认定，仅可能涉及对作者署名权的侵犯，况且指明作者姓名、作品名称的情形，还要结合作品使用方式的特性予以综合判断，不能一概而论。例如，在文字作品中引用他人文章中的表述时，应该通过脚注或尾注等方式予以注明，但是，根据海报等宣传画的作品属性和创作特点，也基于海报画面完整性要求，未在画作中标注被引用形象作者的做法亦属正常且合理。可以看到，明文法条未被严格遵守。对法条一刀切式的刚性规定，法院通过柔性释法，对法条的应当条款略过评价，迂回论述被告未指明作者姓名、作品名称行为符合经验法则，称其做法"正常且合理"，避免与法条正面交锋，实用主义司法的表现。

案件的重心在于如何理解"适当引用"中"说明""适当"的当下所指。对此，原告方的看法是，原审认定被上诉人使用涉案作品是为了说明某一问题，

① 一审、二审法院都认为，合理使用的认定应当限于特殊情况、且与作品的正常使用不相冲突、亦无不合理损害权利人的合法权益。判断对他人作品的使用是否属于合理使用，应当综合考虑被引用作品是否已经公开发表、引用他人作品的目的、被引用作品占整个作品的比例、是否会对原作品的正常使用或市场销售造成不良影响等因素予以认定。法院受到学界论述的影响。相关学理著作参见吴汉东：《著作权合理使用研究》（第3版），中国人民大学出版社2013年版。朱理：《著作权的边界——信息社会著作权的限制与例外研究》，北京大学出版社2011年版。

即涉案电影主角的年龄特征不当。其一，年龄特征不需要通过涉案作品来说明，因为通过海报上的电影名称，电影主角的年龄特征就一目了然；其二，被上诉人也未实施“说明”的行为，被上诉人将涉案作品放置海报上，仅仅是为了契合电影主题丰富海报内容，不符合“为说明某一问题而使用”的定义。原审认定涉案作品占海报面积小，并未突出显示，属于适度的引用，该认定与法律规定相悖。本案电影主角的年龄特征不需要引用涉案作品说明，且涉案作品知名度高于两主演，故不论涉案作品排版如何，都不能构成“适当引用”。显然，原告方坚持的是必需原则——年龄特征不需要通过涉案作品来说明；字面含义原则——背景图案使用不是“为说明某一问题而使用”；影响力原则——涉案作品知名度高于两主演，没有必要舍近求远。依原告方观点，被告方是附带性使用，其必要性经不起推敲，作为背景图案与说明影片内容之间缺乏关联。

针对原告方的主张，二审法院的论证是，为说明某一问题，是指对作品的引用是为了说明其他问题，并不是为了纯粹展示被引用作品本身的艺术价值，而被引用作品在新作品中的被引用致使其原有的艺术价值和功能发生了转换；而该被引用作品在新作品中亦不是以必需为前提，即使在新作品中引用作品不是必需的，也会构成合理使用。法院所持的是合理使用的审查认定并不以是否需要引用作品为要件，原告方所主张的必需使用极易演变成不可避免使用，遵循社会解释的角度，法院也不能认可这种有碍文学、艺术、科学领域传播的观点，合理使用实质上就是合法的允许搭便车。

整个电影海报内容呈现给受众的是关于八十年代少年儿童日常生活经历的

信息。因此，电影海报中引用“葫芦娃”“黑猫警长”美术作品不再是单纯的再现“葫芦娃”“黑猫警长”美术作品的艺术美感和功能，而是反映一代共同经历八十年代少年儿童期，曾经经历“葫芦娃”“黑猫警长”动画片盛播的时代年龄特征，亦符合电影主角的年龄特征。因此，“葫芦娃”“黑猫警长”美术作品被引用在电影海报中具有了新的价值、意义和功能，其原有的艺术价值功能发生了转换，而且转换性程度较高，属于我国著作权法规定的为了说明某一问题的情形。

至于引用适度问题，法院认为，“葫芦娃”“黑猫警长”美术作品与其他背景图案比例协调，并不存在相对于其他背景图案突出呈现且比例过大的情况，而相对于突出呈现的电影主角来看，“葫芦娃”“黑猫警长”美术作品的比例是较小的，符合背景图案的功能。“葫芦娃”“黑猫警长”是八十年代代表性少儿动画形象，其如今以美术作品单纯的欣赏性使用作为正常使用的情况不多，因此，相关公众对该作品的使用需求通常情况下不太可能通过观赏涉案电影海报就能满足，从而放弃对原有作品的选择使用。因此，涉案电影海报中作为背景图案引用“葫芦娃”“黑猫警长”美术作品不会产生替代性使用，亦不会影响权利人的正常使用。法院以比例原则和替代性使用详细考察了被告方行为的合法性，最终给予了肯定。

三、论证进路的殊途同归

在湖北威尔曼制药股份有限公司（以下简称威尔曼公司）与佛山市弘兴医

药有限公司（以下简称弘兴公司）侵害著作权纠纷一案中[①]，广东省高级人民法院驳回了威尔曼公司对广东省佛山市中级人民法院（2013）佛中法知民终字第14号民事判决的再审申请。再审裁定中写明的驳回理由是，一、药品说明书不具备《著作权法》意义上作品所具有的法律属性。《著作权法》上的作品一般是独立存在，表达一定的思想，并不受制或附属于他物，可以独立进入商业领域并实现价值。而药品说明书与药品之间属于民法上的主物与从物的关系。药品说明书无法脱离药品而独立发挥效用，不具有独立使用价值和价值。故药品说明书不属于《著作权法》保护的对象。二、药品是一种特殊商品，药品说明书具有强制性。药品说明书是载明药品重要信息的法定文件，是选用药品的法定指南，具有强制性，新药审批后的说明书，不得自行修改。三、我国《药品注册管理办法》第七十四条规定，仿制药应当与被仿制药具有同样的活性成分、给药途径、剂型、规格和相同的治疗作用。因此，同品种的仿制药与被仿制药应当相同，其说明书内容自然与原研发药一致。如果药品说明书受著作权法保护，则可能给医生和患者用药造成困惑，更有可能扰乱药品监管体系。四、再审申请人威尔曼公司可另寻法律途径保护其药品知识产权。在我国，符合专利法规定的药物及其制作方法可以获得专利保护，符合法定条件的保密信息可以作为商业秘密获得保护，符合数据保护规定的新药实验数据可以享有数据保护。此外，药品知识产权还可以通过商标、中药品种以及行政等方式获得保护。

再审法院的第一个理由是药品说明书不具备《著作权法》意义上作品所具

---

① 参见广东省高级人民法院（2014）粤高法民三申字第45号民事裁定。

有的法律属性，以民法上主物和从物的关系为立论依据，这可能曲解了主物与从物区分的法律意义。诚然，药品说明书离开药品基本没有实际价值，但这并不能成为排斥其作品资格的当然理由。根据物权法及担保法司法解释的相关规定[①]，主物与从物区分的法律意义只是除非当事人另有约定，主物的所有权发生移转，从物的所有权随同移转；除非另有约定，主物上成立抵押权、质权、留置权的，其效力有条件的及于从物。民法（传统意义上的民法）只规定了主物和从物之间基于物权产生的法律关系，并未涉及主物和从物之间的著作权法律关系，再审法院的这种回溯推理缺乏法律和学理基础。从物的物权也不是绝对、无条件的被主物的物权所吸收。主物可享有著作权，从物也可享有著作权，主物的著作权转移时能否效力及于从物，也要以当事人之间的约定优先。易言之，从物应否有着作权，与从物的著作权移转，这在法律上是两个不同的问题。从著作权法理观之，主物和从物都可能具有著作权。

以药品说明书具有强制性作为否定其具有作品资格同样值得怀疑。药品书名明书的“强制性”并不意味着其如法律一样，人们必须遵守，不得违反，真正原因在于药品经过了实验、临床检验，公众想要达到理想效果就需要按照说明书按时、按剂量等对症使用。药品说明书可以说是一种基于医学、药学、伦理学等科学而撰写出的文字材料，国家药品监管机关的指导、核准只是使药品

① 《物权法》第 115 条：主物转让的，从物随主物转让，但当事人另有约定的除外。《关于适用〈中华人民共和国担保法〉若干问题的解释》第 63 条、91 条、114 条规定了从物的抵押、质、留置。

说明书成为了上市的合法文书，并没有也不应改变其私文书的性质[①]。

至于第三个理由，忽视了不同种类药品的药品说明书。药品有创新药、改良型新药、仿制药之分，由于法规明文规定，因而同品种的仿制药与被仿制药说明书内容自然一致，仿制药的药品说明书不具有创新性，无法成为作品，但是不能排除创新药的药品说明书存在创新性，具有成为作品的可能。其实大可不必担心赋予药品说明书受著作权法保护，给医生和患者用药造成困惑，扰乱药品监管体系。法规规定同品种的仿制药与被仿制药说明书内容一致，可以成为合理使用的法定理由，或给予法定许可。

实践中出现的药品说明书著作权侵权纠纷案，有其背后的经济动因。药品说明书著作权纠纷表象上似乎是说明书性质之争，实则是药品生产企业寻求以著作权保护的长期性突破专利保护有效期之限制，从而延长专利保护期增强企业竞争力的竞争战略[②]。司法的应对之策，上策是秉持适度偏上的独创性标准，对药品说明书成为作品进行较为严格的分析、认定。

著作权侵权纠纷裁判中，法官的司法前见是利益分配的倾向变量，功利主义和自然权利两种观念，无形中影响着裁判的实质走向。功利主义在我国著作权司法实践中有式微表象。摄影、复印等技术对著作权法的影响结果证明，独创性判断需因地制宜、因时而变，香水这种非视觉作品的司法认定，裁判足以

① 有法官依据国务院于2000年发布实施的《国家行政机关公文处理办法》第2条中行政公文的定义进行分析，认为由于药品说明书的责任主体并非行政机关或其工作人员，而是药品研发生产企业，药监部门只是对药品说明书进行审核管理的主体，而非撰写、修订的责任主体；撰写药品说明书的根本目的是指导医生和患者用药，服务于公共健康的需求，而不是服务于行政管理活动，相反药监部门的行政监管活动也是服务于公共健康的终极目的的。因此，不宜将药品说明书认定为行政公文。参见丁文严：《药品说明书著作权问题的成因及解决路径》，载《法律适用》2102年第6期，第90页。

② 丁文严：《药品说明书著作权问题的成因及解决路径》，载《法律适用》2102年第6期，第87页。

挑战人类感官底线。司法实践中对独创性、复制、实质性相似等语词的再解释，裁判以递进论证方式实现对法条意义的续造。同时需要警惕裁判论述的过与不及，法官为强化判决说服力而刻意增强论证，有时会适得其反。司法需要体系化思维，裁判融洽贯通，克服法律条文设计的逻辑缺陷。论证的不同进路，虽然可能结论相同，殊途同归，但需考虑路径的实质合理性。

第五章　裁判功能的现实研判

司法权是判断权，法院、司法的功能主要通过裁判的功能实现。有学者将法院的功能归纳为直接功能、延伸性功能，原初功能、衍生功能，无论何种分类，解决纠纷都居于最核心地位[①]。由私人之间纠纷而引发的诉讼是否以解决该纠纷为唯一目的？对著作权侵权纠纷诉讼的现实考证，有助于我们基于个案分析而得出超越个案的结论。我们不仅要关注司法裁判对当事人的现实影响，同时要注意裁判结果的制度性影响。就司法实践而言，将法条主义抑或现实主义一以贯之的法官较为少见。法条主义与现实主义的应用呈现二律背反。法条主义适用于大多数案件，“不过对那些重要案件，即形成法律规则的案件来说，

---

① 参见左卫民：《法院制度功能之比较研究》，载《现代法学》2001 年第 1 期；蒋红珍、李学尧：《论司法的原初与衍生功能》，载《法学论坛》2004 年第 2 期。有法官基于中国司法实践认为当代中国司法的功能定位是有效解决纠纷，对其不能过高定位，参见蒋飞：《论当代中国司法的基本功能解决纠纷》，载《法律适用》2010 年第 10 期。

绝大多数的裁决是符合现实主义理论，而非法条主义理论的”[①]。

第一节　规范功能的再认识

一、判决对实质正义的有限追求

在杭州大头儿子文化发展有限公司著作权侵权案中，二审法院认为，本案所认定的央视动画公司实施的侵权行为包括：使用改编后的新人物形象拍摄2013版动画片并在CCTV、各地方电视台、央视网上进行播放；将2013版动画片的人物形象进行宣传、展览；将2013版动画片的人物形象许可中国木偶艺术剧院进行舞台剧表演。无论是动画片，还是木偶剧，均具有公共文化的属性，著作权法的立法宗旨在于鼓励作品的创作和传播，使作品能够尽可能地被公之于众和得以利用，不停止上述作品的传播符合著作权法的立法宗旨和公共利益的原则。同时，无论是95版动画片，还是2013版动画片的人物形象均集合了刘泽岱和央视两方面的独创性劳动，虽然刘泽岱为95版动画片创作了人物形象的草图，但该作品未进行单独发表，没有任何知名度的积累，而央视创作团队最终完成了动画角色造型的工作和整部动画片的创作，并随着动画片的播出，使大头儿子、小头爸爸、围裙妈妈成为家喻户晓的知名动画人物，其对动画片人物形象的知名度和影响力的贡献亦应当得到充分考量。原审法院在综合考虑

① [美]李·爱泼斯坦、威廉·M兰德斯、理查德·A·波斯纳：《法官如何行为：理性选择的理论和经验研究》，黄韬译，法律出版社2016年版，第48页。

当时的创作背景、本案实际情况、平衡原作者、后续作品及社会公众的利益以及公平原则的基础上，判令央视动画公司不停止侵权，但以提高赔偿额的方式作为责任替代方式并无不妥，既符合本案客观实际，也在其合理的裁量范围之内。

第一个理由稍显牵强。版权侵权是对财产权的侵犯，就好像偷别人的汽车去兜风一样，“租”了辆汽车却不付任何租金。它因此减少了被抄袭作品所有人的收入[①]。在英美法国家，强调的是版权的经济性。我国著作权法既强调保护著作权人的经济权利，也重视对著作权人的人格权利的保护。央视动画公司是一家商业公司，无论是制作、播放动画片，还是许可他人舞台表演，其行为本质都是市场经济环境下正常的商业行为，有益于公共文化是商业行为的附带影响。照此逻辑，电影公司拍摄电影、电视台播放电视剧同样具有公共文化属性，如果擅自使用他人享有著作权的歌曲是否也判决不停止侵权？著作权法的立法宗旨在于鼓励作品的创作和传播，前提是传播是依法进行，央视动画公司以侵权方式传播作品，无论如何也不是著作权法所鼓励的。这是多目标错乱的表征。

第二个理由目的是说服理智的阅读者赞同法院的裁定，但判决书的叙述不符合数量原则[②]。司法推理过程的科学性在于法官穿过案件的斑驳，将法律发现的过程化约为涵摄的逻辑推论。有学者认为，司法三段论发展到今天已不同于传统的经典三段论，它不再是一种完全封闭和机械的演绎系统，而是愈发地展现出了一定程度的灵活性和开放性，具体表现为作为推理之大前提的法律规定

---

① [美]理查德·波斯纳：《论剽窃》，沈明译，北京大学出版社 2010 年版，第 52 页。

② 英国哲学家保罗·格莱斯提出 4 条会话原则，其中数量原则是指所说的话语不要少于或超过会话要求。参见[美]史蒂芬·平克《思维本质——语言是洞察人类思维之窗》，浙江人民出版社 2015 年版，第 446 页。

相对于活生生的个案事实，具有一定程度的伸缩空间[①]。事实上是法官基于朴素的法和正义的认知，意识到了制定法对于司法实践中疑难、复杂案件的不敷使用困境，秉承开放和灵活的态度，在将作为推理大前提的法律规定对应于个案事实的过程中，运用司法技术，使法律规定更具伸缩空间，足以涵摄案件。是司法实践促使法官思辨从而赋予司法三段论焕发活力的力量[②]。离开了三段论的“必然得出”逻辑框架，它们只会沦为一种“或然得出”的推理模式，亦即推理结论并不具有唯一性，在此意义上如果将三段论作为一种"保真的”推理方法，那么离开了三段论的支撑，类比推理、等置理论以及法律论证都只是一种“试错的”推理方法，在寻求统一性和确定性的目标中它们显然稍显逊色一些。[③]

司法过程的拿来主义应给予足够重视。如果形式逻辑与非形式逻辑都可为我所用，可能产生的最大问题在于，司法结果的或然性大大增强，无形中忽略甚至舍弃了司法的确定性。

在张志国诉中国社会福利教科中心影视部等版权纠纷案中[④]，一审法院认为，由于第三人柳信与原告在电视剧中均履行过导演职责，故被告对电视剧导演署名的安排并无不当。在周桓诉董维贤、湖南文艺出版社著作权纠纷案中[⑤]，

① 孙海波：《告别司法三段论？——对法律推理中形式逻辑的批判与拯救》，载《法制与社会发展》2013 年第 4 期，第 136 页。

② 关于司法三段论在中国的实践论，已经有法官作了细致论述，参见郝廷婷：《民事审判思维方法实证研究——“三段论”逻辑在中国基层法院的续造与验算》，载《法律适用》2012 年第 2 期。

③ 孙海波：《告别司法三段论？——对法律推理中形式逻辑的批判与拯救》，载《法制与社会发展》2013 年第 4 期，第 141 页。

④ 参见北京市宣武区人民法院（1990）宣民字第 261 号民事判决。

⑤ 参见北京市东城区人民法院（1990）东民监字第 16 号民事判决、北京市中级人民法院（1991）中民终字第 1943 号民事判决。

二审法院认为，《叶盛兰》一书系周桓、张岚芳之合著作品，双方均享有署名权。董维贤在未征求作者意见的情况下，擅自通知湖南文艺出版社更改作者署名顺序的作法是不妥的，应予批评；周桓认为董维贤的行为侵犯著作权，要求其承担侵权的民事责任，缺乏法律依据，判决驳回周桓的诉讼请求。

关于署名权纠纷裁判可能招致的批评主要集中于法院的自利逻辑：通过当事人在创作前或创作中所签订的协议，以解决日后署名产生的争议，进而减少诉讼，从而达到为法院减负的目的[①]。司法的事先引导，确立约定优先的规则，有助于人们形成稳定的行为心理预期，从源头上减少相关诉讼的发生，最终达到节约司法资源的目的。但是，现实中创作作品时有的合作作者由于相关法律知识的缺乏，还有合作作者之间的职务、职称等不均衡关系，作品完成之前就签订署名合同的情况难言乐观，后来反目成仇而诉诸法院的肯定会出现，此时，法院应如何裁判？笔者认为，合同路径存在实践障碍，现实发生概率存疑。特别是在当事人之间没有签订合同时，一概驳回起诉，可能稍显简单粗暴。如适用同期合意路径，则合作作者在处理署名权问题上有平等的处置权，未经合作作者同意，任何一方都不得处置作品署名，如果一方合著人改变了主意，合意就不复存在，以前的相关决定就不能执行，给予当事人反悔的机会。如遵循利益衡量路径，法院需要对署名权涉及的当事人各方的利益进行衡量，决定哪一方更值得保护。总而言之，不能陷入一个怪圈：当事人起诉要求法院来定分止

① 此处受到学者观点启发，参见强世功：《能动司法下的中国家庭——从最高法院关于〈婚姻法〉的司法解释谈起》，载《文化纵横》2011年2月刊，第24—30页。该文指出，出于审判方便的公权力机构的私利，国家肆意侵入人类最亲密的——婚姻和家庭，违背了司法节制的立场。

争，法院却认为纠纷应当由当事人意思自治来解决。

对署名权顺序的纠纷，司法如何介入？2002 年，最高人民法院在《关于审理著作权民事纠纷案件适用法律若干问题的解释》第十一条规定，有约定的按照约定确定，没有约定的，可以按照创作作品付出的劳动、作品排列、作者姓氏笔画等确定。可见，我国司法实践中并非奉行司法最低成本主义，该司法解释的规定改变了法官对署名权纠纷的不干涉态度，体现了司法对实质正义的追求。

二、司法对技术发展的理智接纳

版权与科技的关系是很复杂、并非单向度的，有时候版权抑制创新只是人们的推测，很可能是没有建立在科学统计、数据支持的主观臆断。例如，引发了现代关于版权间接责任争论的科技——录像机。录像机产生于20世纪前半叶声音和视频技术的进步。最初对录像技术的需求缘自内容产业自身：电影制作和电视广播产业。1956年，Ampex 公司引入了VRX-1000，第一种商业上成功的磁带录像机。这些装置相当昂贵（5万美元），市场局限于电视网和最大的个人住所。十年之内，Sony，Ampex 和 RCA 公司能提供一种供家庭使用的磁带录像机，价钱大约是1千美元。设备难以使用，标价实质上限制其在家庭市场的接受度。索尼公司1969年引入了新技术，迅速取代了在电视新闻编辑部、学校和商业广泛使用的录像带。因此，即使在录像机进入消费者市场和版权议题介入之前，事实证明技术是在实质性进步。消费者电子工业的进步，例如高保真立体声技术，数字技术和制造，在接下来的二十年将实质性压低成本，增强录像机的质量，最终通向数字录像机。这些力量起作用实质性在版权间接责任的抑制作用之外，因其被未受影响的市场驱动 或仅仅最低程度地被版权关注点所影响。市场自有其的独立运行逻辑。

并行的技术进步的影响可以从关于信息复制和发行的技术进步中看到。许多数字技术搜索服务于市场，其并没有面临显著的版权责任。P2P技术被广泛应用而造成很小或未造成风险。例如，亚马逊网站已经在P2P技术投资广泛搜索，其努力发展一个供内部使用的专有的信息存储和检索系统。这种创新继续前行无需考虑版权间接责任，它减少了后来创新者的成本，后来者中的一些人可能触碰版权责任的红线。但是这种成长的知识储备的可用性无疑将减少创新自身被阻碍的关注。这意味着版权间接责任的抑制作用将主要被限制在创新传递途径的商业化阶段。但这恰恰是社会想要其起作用之处。这是企业家、投资人、公司战略家、政策制定者和法官能更好平衡不同的商业化道路的风险和收益之地。[①]

司法实践中，法官对著作权纠纷案所涉及的技术是区别对待的。在徐青松与段永建、李明、长江少年儿童出版社有限公司侵害著作权纠纷案中，最高人民法院认为，作为具有正常阅读和理解能力自然人，无需辅之以专门的文学创作经验，其即可对文字作品的表达是否实质性相似问题作出自己的独立评判[②]。

---

① Peter S. Menell and David Nimmer，Judicial Resistance to Copyright Law's Inalienable Right to Terminate Transfers，COLUMBIA JOURNAL OF LAW & THE ARTS，Vol[33: 2]，at 159.

② 参见最高人民法院（2015）民申字第 765 号民事裁定。

对阿童木、熊大、大头儿子等美术作品比对[①]，法官的自信同样体现在音乐电视作品纠纷中，但面对音乐作曲则退避三舍。在对涉及信息技术的著作权领域，法院在判定侵权中可以适当引入、参考信息技术的运用[②]。

法国凡尔赛上诉法院 1995 年作出判决，一个名叫《沥青丛林》的电影佳作，仅仅应要求用数字技术将之彩色处理，并在法国获得成功，但影片作者的保障作品完整权已遭到侵害[③]。

在谈及索尼案的影响时，有评论认为，纵观索尼案在合理使用和帮助侵权责任两个方面确立的规则在二十年之后的命运，可以得出以下几个结论：技术中立是版权立法所必须遵循的原则，技术对版权人利益的影响是界定侵权行为最重要的考虑因素[④]。

也许 Grokster 案最明显的偏离索尼案之处在于焦点从技术的能力转移到其实际用途。布雷耶法官认为索尼规则不适用于实际上用在几乎唯一为侵权目的技术，金斯伯格法官排除了优势性用途为侵权的技术。尽管偏离了索尼规则广为认可的理解，索尼案本身的确也讨论了 VCR 的实际用途，认为其主要是时

---

① 在涉及京剧脸谱著作权纠纷案中，“通过比对本院发现，被告所使用的脸谱作品与原告赵梦林《京剧脸谱》画册中脸谱作品的差异在于脸谱颜色的个别差异、线条粗细的不同等，与构成脸谱独创性的线条勾画、笔锋、构图、色调等比起来，这些差异并不能赋予涉案脸谱以独创性。”参见北京市朝阳区人民法院（2008）丰民初字第 2 号民事判决。法院通过比较原告提供的《京剧脸谱》一书中刘宗敏图案与被告使用的刘宗敏脸谱图案，两幅图案虽稍有不同，但从该两幅图案的线条、构图、比例、形状以及表现风格上均可以判断出两幅脸谱除个别细微差别外，其他方面均一致。参见山西省大同市中级人民法院（2005）同民初字第 1 号民事判决。

② 如，在卡通形象的著作权侵权纠纷中，基于卡通图像与自然图像在线条、纹理、结构、颜色的差异、利用边缘检测技术、图像局部特征提取技术、图像检索技术、目标检测技术、选择加密技术等计算机技术精准识别媒体在发布、传播、应用过程中未经授权的浏览、分享、仿制等行为，参见张铁君：《卡通角色版权保护关键问题研究》，哈尔滨工业大学 2013 年博士论文，第 10-20 页。

③ [美]保罗・爱德华・盖勒：《版权的历史与未来：文化与版权的关系》，李祖明译，载郑成思主编：《知识产权文丛》（六），中国方正出版社 2001 年版，第 294-295 页。

④ 王迁：《“索尼案”二十年祭——回顾、反思与启示》，载《科技与法律》2004 年第 4 期，第 67-68 页。

间转移，因此构成合理使用[①]。这就留下了一些疑惑，是否索尼案本身真的适用其宣称的只考虑潜在用途。无论如何，Grokster 案在重塑索尼规则的边界和草拟可扩充的责任标准方面扮演至关重要的角色。

间接责任标准可扩充的本性使其难以预测未来案件的结果或者甚至是判决依赖的理论。例如，在 Warner Bros.v.SeeqPod 案中，唱片公司主张被告帮助音乐流搜索，不只是一个搜索引擎，而是“一个违法的音乐服务，直接参与、鼓励、帮助大量侵权”[②]。有意思的是，美国法院和国会都避免挑战索尼案，还公开强调其作为安全港的重要性，保护创新，不被版权法妨碍。与此同时，索尼案的安全港从没有完全适用或清楚拒绝，随后的措施对其进一步侵蚀，重塑其边界。

从一个可能的安全港领域转移到一个可扩充的标准有双重影响。首先，它扩展了责任的范围，反映了立法者意图加强版权实施。其次，它增加了间接侵权法的模糊性，使其成为一个标准、整理的混杂物，使特定法律部分平行，部分适合彼此。因此，索尼规则的美好承诺——使创新者免于建立在他们无法控制的情形下的责任，成为新法律环境下的第一个牺牲品。

在市场上，针对这种现实，创新者发展出两种选择性反应。第一种是表现过度保护：从版权人处获取许可，即使法律上是不必要的，移除用户上传的内容，即使内容的侵权性不确定或不可能。第二种反应，主要发生在 P2P 领域，例行继续使用未经授权的版权作品，同时使过程变得复杂或者辨别运行代价昂

---

① Sony Corp. of Am. v. Universal City Studios，Inc.，464 U.S. 417，454-55（1984）.

② Warner Bros. Records，Inc. v. SeeqPod，Inc.，No. 08 CV 00335（C.D. Cal. Jan. 18，2008）.

贵，采取法律措施应对，通常通过分散化、编码、转移操作到国外。客观而言，不确定性容易引诱行为人变得过于谨慎，创新者可能采取风险最小化措施。当法律风险不明确的时候，即使风险中立的行为人也过于顺从，避免可能将其拖入法庭的行为。

可以合理想象，一个企业家理智的害怕他的内容中立技术将实际被用于侵权目的。创造技术需要一大笔投资，时间，数年精力。这个过程伴随着倾向于风险厌恶的投资者，他们的主要动机是获得投资回报，其中有些人拥有对项目的决策权。诉讼可能招致禁令，终止整个设计，虽然这样的诉讼成功的可能性不确定，但毕竟危险存在。诉讼可能最后延迟设计，实质性增加成本。在此情形下，企业家可能更倾向于宁可选择过于顺从之路，从版权人那里取得许可，即使这样做是错的，或者投资到设计里，为了避免诉讼。

行为人表现的过于服从是不同条件下的作用。首先是技术实际被用于侵权的可能性，更高的可能性增加了诉讼的机会和创新者的过于服从倾向。其次，计划前期的高成本促使创新者走向风险最小化之路。的确，高的沉没成本，即计划已经发生、不能回复的成本，将阻止创新者冒险进行计划，刺激他预先平息潜在的版权原告。也许更值得注意的是，有钱的创新者更可能采取风险最小化径路，因其更可能面临诉讼和被认定负有责任。

成功的版权诉讼对一个计划具有彻底的破坏作用，极大增加了目前诉讼的风险。即使这样的诉讼最终证明是不成功的，在竞争激烈和快速变化的技术市场，开发计划的延迟可能是一个难以逾越的障碍。

苹果公司，合理的假定消费者可能使用 iPod 进行未经授权的复制。公司可以寻求索尼案中安全港的庇护，主张实质性非侵权，也许 iPod 的主要功能就是空间转移。但是，苹果公司分了一块收入蛋糕给唱片公司和媒体巨人。类似的，据报道 YouTube 与主要的版权人签订协议，提供给他们广告收入分成。谷歌已经进一步开发了一套过滤系统，为 YouTube 筛选出版权作品，尽管 YouTube 自己认为即使对簿公堂责任也将被否定，因为 YouTube 受到版权法五百一十二条保护[①]。可见，版权诉讼对技术发展影响深远，司法对技术需要理智接纳。

三、修辞对裁判承压的安全转换

有评论指出，对于法院来说，最省力的做法就是只处理对当事人有影响的常规案件，按照法教义学的逻辑和解释即可以判案。法院并不乐意处理有市场影响的案件，特别是会带来不确定影响的案件，因为会增加很多交易成本，包括知识成本。法院更愿意让市场自己解决，包括自行调解。所以，在有些情况下，法院拒绝审理某一类案件，实际上是自我保护，也是避免出现更多的不确定后果。在法院无法拒绝审理的情况下，聪明的法官还是会进行风险规避，从后果考虑来自我约束，让规制效果最小化，从而划定法院与市场的边界[②]。

原告弓禾公司以明星范冰冰、黄少祺为模特，拍摄了系列婚纱照。“灵域视觉网”转载了标题为“范冰冰黄少祺最新婚纱写真唯美动人”的文章及两人

① Peter S. Menell，Indirect Copyright Liability：A Re-examination of Sony's Staple Article of Commerce Doctrine 1，U.C. Berkeley Pub. Law & Legal Research Working Paper Series，Paper No. 682051，2005.

② 侯猛：《不确定状况下的法官决策——从“3Q”案切入》，载《法学》2015 年第 12 期，第 20 页。

的五幅婚纱照，“首映视觉网”转载了“范冰冰代言婚纱照正式登陆大连”文章及两人的六幅婚纱照，除标题改为“范冰冰代言婚纱照”外，其他完全相同。原告同时以前述两网站为被告向武汉市中级人民法院请求判令它们移除涉案摄影图片并赔偿损失。法院认为，“婚纱照”图片及相关新闻报道文章属于时事新闻，因而不属作品，驳回原告全部诉讼请求。有评论者认为，显然，本案中法院对知情权所涉及的信息理解，远远超出了正常人基本生活所必需信息的范围，这类信息的生产或挖掘，完全来自于公法义务之外，它包含了信息生产人的创作与金钱投资，属于具有“私人产品”性质的信息[①]。本文看来，法院对时事新闻作了扩大解释，明显超出了“单纯事实消息”的含义范畴。时间、地点、人物、事件、原因、过程、结果诸要素对单纯事实消息形成核心要素，原则上纯文字说明已经足够，照片非单纯事实消息所必须提供。具体到该案，法院应适用区分法，将文章中照片与文字分类对待，对文字是否为单纯事实信息做分析，将照片是否为独创性照片作出认定，在此基础上判定被告是否侵权。

法院“依法裁判”的惯常性宣称，展现了其裁决具有法律依据、是“合法”的外观形态，也给当事人、社会公众一种强大的法律说服力，即他们的裁决是依照国家法律作出的，是国家意志的体现。然而，就没有法律规定的特定法律事项来说“依法裁判”的宣称只是一种“合法性修辞”，也即法院与法官力图通过对与其他案件事实关联的制定法规则的适用，掩盖“无法可司”的现实困境，然后在作出判决结论时，笼统地修辞为“依法裁判”，使裁决获得“合法

① 向光富：《论我国新闻作品著作权法调整的认识误区与改进》，载《河南财经政法大学学报》2016 年第 2 期，第 146 页。

性”的表征[1]。

在金报电子音像出版中心诉北方国联信息技术公司案中，原告经营的人民网登载了一篇有关第 36 届世界期刊大会的新闻报导及发言人的照片。被告经营的网站未经许可进行了转载。法院认为，涉案照片是“对第 36 届世界期刊大会发言席现场的描述，是以图片形式表达发言人的身份、形象、现场等客观事实，该幅照片与上述文字一起，共同表现世界期刊大会的活动进程和现场。因此，该幅照片也是时事新闻的有机组成部分，属于以图片形式表现的时事新闻。上述内容都属于著作权法上的时事新闻，不受著作权法保护，任何人都无权主张著作权”[2]。

在“范冰冰婚纱照案”中，原告对范冰冰、黄少祺代言婚纱照的文字报导和 5 幅婚纱照片享有著作权，被告未经许可转载了文字内容和照片。法院认为，涉案照片“是新闻事实的再现与引证。……通过附加照片，既能增强新闻真实性，又能增强宣传效应。……本案所涉 5 幅婚纱照片是该新闻报道不可缺少的部分”。法院据此认定涉案照片和文字共同组成了新闻报道，均属于时事新闻，不受《著作权法》的保护[3]。

司法实践中也有判决将照片排除出时事新闻范畴。在“陈冠希抵京照片案”中，原告对艺人陈冠希抵达北京机场的报导和照片享有著作权，被告未经许可转载了文字内容和照片。法院认为，“就摄影作品而言，即使其内容系反

---

① 岳彩领、潘登：《从“无法可司”到“合法性修辞”——论创制型案例裁判的经验与方法》，载《法学》2015 年第 11 期，第 115 页，第 121 页。

② 参见北京市海淀区人民法院（2009）海民初字第 13593 号民事判决。

③ 参见湖北省武汉市中级人民法院（2010）武知初字第 349 号民事判决。

映时事，通常亦体现了拍摄者对于拍摄时机、角度、构图等的选择，具有作品的独创性，而且使用照片亦非传播时事性消息或相关事实所必需。因此，涉案的关于陈冠希抵京的照片不属于《著作权法》第五条第（二）项所称的时事新闻”[①]。

有学者探究了《著作权法》第五条的真实意图，认为《伯尔尼公约》和我国《著作权法》有关不保护时事新闻的规定，只是为了重申著作权法不保护事实这一基本原理，而不是为了将作品排除出保护范围。《著作权法》第五条借鉴《伯尔尼公约》，同样不能适用于拍摄新闻事件而形成的摄影作品[②]。

本文认为，著作权侵权纠纷中频繁出现的“同案不同判”现象，固然有立法的先天原因，更与法官裁判时追求个案妥当性却忽视类案协同性密切相关，司法个案回应性有余，类案塑造性不足。

动漫形象的著作权侵权纠纷判决中，一般是在确认原告对动漫形象拥有著作权的基础上，判定原告享有的复制权、发行权收到了侵犯。但其中的论述不同程度存在缺省论证、论证间断问题。下文以某案的一审、二审判决理由部分为分析样本。

（一审判决书）本院认为，原告提供的证据能够证明《熊出没》国产电视动画片及卡通形象《熊大》的著作权人为深圳华强数字动漫有限公司，原告经过深圳华强数字动漫有限公司的授权，取得在毛绒玩具上专有使用《熊出没》作品及作品中卡通形象的著作权的权利，及以自己的名义提起诉讼的权利。被告不认可卡通形象《熊大》的著作权人为深圳华强数字动漫有限公司，对原告享有《熊大》

① 参见北京市第一中级人民法院（2010）一中民终字第 10328 号民事判决。
② 参见王迁：《论〈著作权法〉中“时事新闻”的含义》，载《中国版权》2014 年第 1 期，第 19-21 页。

卡通形象的专有使用权有异议，但未提供相反证据佐证，本院不予支持。

《中华人民共和国著作权法》第四十七条、第四十八条规定：未经著作权人许可，复制、发行、表演、放映、广播、汇编、通过信息网络向公众传播其作品，实施其他侵犯著作权以及与著作权有关的权益的行为，应当根据情况，承担停止侵害、消除影响、赔礼道歉、赔偿损失等民事责任。本案中，被告在其销售的毛绒玩具上使用了原告享有专有使用权的熊大形象，且未提供证据证实获得原告的授权许可，其行为侵犯了原告的著作权，应承担停止侵权、赔偿损失的法律责任[①]。

该判决理由的简明推演是：原告获得授权在毛绒玩具上专有使用涉案卡通形象，被告销售毛绒玩具上使用该形象且未提供证据获得许可，被告因此侵权。原告以复制权、发行权、财产报酬权受到侵犯为由起诉，判决对被告侵犯了原告享有著作权中的何种权利却语焉不详，在判决法律依据和判决主文中也找不到[②]。著作权是一个权利束，这样的表述无形中削弱判决的说服力。

（二审判决书）本院认为，著作权法第十条第一款第五项规定了复制权的内容，该条款中列举了印刷、复印、拓印、录音、录像、翻录、翻拍的七种复制方式，虽然，由平面到立体的复制并不属于上述列举的七种复制方式，但是，该条款通过使用“等方式”的用语并没有穷尽复制的方式。判断某种行为是否

---

① 参见天津市第二中级人民法院（2014）二中民三知初字第 203 号民事判决。

② 依照《中华人民共和国著作权法》第十一条、第四十七条、第四十八条、第四十九条，《中华人民共和国民事诉讼法》第六十四条之规定，判决如下：一、被告天津市宁河县泽安商贸有限公司立即停止销售侵犯原告深圳市盟世奇商贸有限公司著作权的《熊大》毛绒玩具的行为；二、被告天津市宁河县泽安商贸有限公司自本判决生效之日起十日内赔偿原告深圳市盟世奇商贸有限公司经济损失和为制止侵权支出的合理费用共计 10000 元；三、驳回原告深圳市盟世奇商贸有限公司的其他诉讼请求。

构成对受保护作品的复制，关键在于判断新的载体中是否保留了原作品的基本表达，同时没有通过发展原作品的表达而形成新作品，如果最终表达载体再现了被保护作品或其具有独创性的特征并加以固定，且没有形成新的作品，就应当属于著作权法规定的复制。

（经过比对）可以认定被控侵权商品复制了盟世奇公司发行的“熊大”毛绒玩具的所有设计特征，盟世奇公司发行的“熊大”毛绒玩具再现了“熊大”动漫美术作品的独创性特征，被控侵权商品亦以毛绒玩具为载体再现了“熊大”动漫美术作品的独创性特征，应当认定制作被控侵权商品是以毛绒玩具为载体再现了“熊大”动漫美术作品的独创性特征属于对该动漫美术作品的复制[①]。

就本案而言，一审法院判决没有论及将动漫形象移植到毛绒玩具的行为是否属于著作权法所规范的“复制”，二审法院显然意识到了这个问题，论述了这种从平面到立体的复制属于著作权法的“复制”。对这种形式的复制，理论界与实务界颇有争议。有学者对此否认，主张我国《著作权法》只保护狭义的复制权，对所谓“异种复制”或“重制”行为不加保护[②]。立法参与者也未予认可。对于复制有狭义与广义两种解释，狭义的复制是指印刷、复印、拓印、翻拍、录音、录像等，广义的复制还包括了按照设计图制作建筑、雕塑等立体作品，我国《著作权法》采用的是狭义的复制概念[③]。1990 年《著作权法》对“按

① 参见天津市高级人民法院（2015）津高民三终字第 0018 号民事判决。相关案例评论参见原晓爽：《深圳盟士奇商贸有限公司诉天津市宁河县泽安商贸有限公司侵犯著作权纠纷案——动漫形象的著作权法保护》，载最高人民法院应用法学研究所：《人民法院案例选》2016 年第 2 辑，人民法院出版社 2016 年版，第 167 页—176 页。该文作者为该案主审法官。

② 刘春田：《知识产权法》)（第二版），中国人民大学出版社 2002 年版，第 76 页。

③ 胡康生：《 中华人民共和国著作权法释义》，法律出版社 2002 年版，第 46 页。同样从事《著作权法》修改的全国人大法工委人士也对复制持狭义观点。参见姚红：《 中华人民共和国著作权法释解》，群众出版社

照工程设计、产品设计图纸及其说明进行施工、生产工业品”排除复制的规定，2001年修法时删除此规定的立法原意，司法不可不查。如果说对学界的争论，法院可以选择性采纳，那么对于立法参与者的解释，法院需要认真对待，要有充分的论证隔空回答为什么采纳广义的复制。对《著作权法》未明文列举的其他复制行为，通过适用“等方式”的规定而将其纳入复制权的控制范围，仅仅适用文义解释的方法是不够的。重点在于，《著作权法》明文规定的复制形式与从平面到立体的复制之间是否存在内在性质上相同，能否给予同样的法律评价[①]。《著作权法》该法条修改后的规定并不是对修改前的否定性规定的公开背反，而以“未列举的并不表明作者没有这种权利”立论，需要特别注意与知识产权的法定主义的协调，解答合法性质疑。过于简单的文本解读无法消除适用法律正当性的疑问。

司法裁判对修辞的运用绝非个案。“五月的风”雕塑作品位于青岛市五四广场，是原告山东天笠广告有限责任公司接受他人委托创作的委托作品，原告为著作权人。因被告青岛海信通信有限公司未经许可，擅自将“五月的风”的图案设置在其所生产的海信C2101型手机显示屏中，原告以被告侵害了其著作权为由诉至法院，请求判令被告停止侵权、赔礼道歉、赔偿经济损失30万元，并承担诉讼费。

一审法院认为，著作权法保护著作权人的权利，但同时设定了合理使用制

2001年版，第110页。

① 有学者从文义解释、体系解释、目的解释三种进路，论证这种复制的应然性。参见焦和平：《“异体复制”的定性与复制权规定的完善——以我国〈著作权法〉第三次修改为契机》，载《法律科学》2014年第4期，第119-126页。

度，对著作权人的权利进行了限制。根据最高人民法院《关于审理著作权民事纠纷案件适用法律若干问题的解释》第 18 条的规定，对设置或者陈列在室外社会公众活动处所的雕塑、绘画、书法等艺术作品，进行临摹、绘画、摄影、录像的，可以对其成果以合理的方式和范围再行使用，不构成侵权。因本案中“五月的风”雕塑不仅是设置在室外社会公众活动处所，且位于青岛市五四广场，已成为青岛市的标志性雕塑作品。本案被告在其生产的手机中虽然使用了“五月的风”雕塑图像，但是被告是将该图像用作手机的几种壁纸中的一种使用，且壁纸图像整体反映的是五四广场风光，“五月的风”雕塑图像只是其中一部分内容，该使用方式对手机的价值不会产生影响，且被告使用“五月的风”雕塑图像未造成对原告作品的歪曲、丑化，亦未影响原告作品的正常使用，因此，被告对原告作品的使用属于法定的合理使用范畴，被告的使用可以不经著作权人许可，不向其支付报酬。故被告的行为不构成侵权，原告的主张不能成立，法院不予支持。据此，判决驳回原告的诉讼请求。①

对该判决，有评论认为，从目前情况看，绝大多数国家的著作权法都没有赋予作者控制室外公共场所的雕塑、雕刻和建筑作品复制行为的权利。应当说，我国上述司法解释在制定时已经参考了世界各国的有关规定，即“合理的方式和范围”应当包括营利性使用。只要是不影响原作品的正常使用，不损害著作权人的合法权益，不管是否以营利为目的的使用，都属于 Trips 协议和我国著作权法规定的合理使用范围。本案“五月的风”系陈列在室外公共场所的艺术

① 参见山东省青岛市中级人民法院（2003）青民三初字第 964 号民事判决。本案原告提起上诉，二审期间撤诉结案，但该案判决仍有讨论的价值。

作品，被告将拍摄的“五月的风”雕塑作品图像与其他图像合成后作为手机壁纸使用，不影响原告对雕塑作品的使用，没有对该雕塑作品的价值产生不良影响，损害原告的合法权益，故这种使用作品的方式，符合著作权法第二十二条关于合理使用的规定，属于司法解释规定的在“合理的方式和范围”内使用，不构成侵权。对此，一审生效判决认定本案被告不构成侵犯原告著作权的结论正确，但以“被告使用‘五月的风’雕塑图像未造成对原告作品的歪曲、丑化，亦未影响原告作品的正常使用”为理由似不妥①。

本书认为，一审判决虽然找到了可适用的法，但是却偏离了法对于本案的正解。该图像用作手机壁纸使用是否合法，与其在手机壁纸整体比例应没有法律上的意义；“该使用方式对手机的价值不会产生影响”，如果真的不会产生影响，那么被告为什么要使用原告享有著作权的雕塑，而不使用其他没有著作权的图像，这与北京法院在安慧桥的判决中确认的规则完全相反。至于使用“未造成对原告作品的歪曲、丑化”、司法解释规定构成要件是“以合理的方式和范围再行使用”，判决将之转化成了对修改权、保护作品完整权等的辨识；“未影响原告作品的正常使用”，不能排除原告可授权其他手机制造商许可使用，对其潜在经济利益造成影响，足以削弱判决所持的立场态势。论证核心应该围绕被告使用公共场所雕塑作为手机壁纸是正常商业性使用展开，公共场所公开作品的开放性、公益性，原告对之不能排斥。

① 于晓白：《陈列在室外公共场所艺术品的合理使用》，载《人民司法》2005年第5期，第102页。

第二节 社会功能的新认知

一、裁判影响超越个案纠纷

当代法律解释理论摆脱了传统法律解释理论片面追求规范文本的客观确定含义，而更注重判决的合理性和可接受性[①]。司法裁判要注意的是，判决的合理性如何通过判决书的修辞表述而准确表达出来，可接受性是针对双方还是一方的，抑或是法官的一厢情愿？

有人甚至认为，作为审判依据的案件事实并非纯然得自证据，而是一种在修辞中完成的故事。实际上修辞本身就是事实的建构，而不同的叙事文本背后又隐含着修辞者的立场抗衡[②]。

法律思维在现代逐渐从单纯地面向过去，转变为了既要面向过去，又要面向现在，还要面向未来的全时间面向。判决常常是一种操控形式，而不仅仅是信息分享。

在目前中国的司法实践中，不止著作权纠纷案件，法官所进行的司法作业不是纯粹的以解决纠纷为明确导向，有时案件处理还有规则之治的附加功能。主审法官（有时候也有研究室、审判管理办公室等同事的配合），通过案件审理提炼出认为具有一定参考价值、有较为普遍适用的规则，发表在系统内外的媒

---

① 陈金钊、焦宝干等：《中国法律方法论研究报告》，北京大学出版社 2012 年版，第 20 页。
② 张利春：《现代法律思维时间面向的转换》，载《法制与社会发展》2008 年第 2 期，第 100 页。

介上[①]。在最高人民法院公布的指导性案例中，可以清楚的看到法官的这一智力成果。如，在指导性案例第49号，石鸿林诉泰州华仁电子资讯有限公司侵害计算机软件著作权纠纷案中，“裁判要点”总结为：在被告拒绝提供被控侵权软件的源程序或者目标程序，且由于技术上的限制，无法从被控侵权产品中直接读出目标程序的情形下，如果原、被告软件在设计缺陷方面基本相同，而被告又无正当理由拒绝提供其软件源程序或者目标程序以供直接比对，则考虑到原告的客观举证难度，可以判定原、被告计算机软件构成实质性相同，由被告承担侵权责任。

著作权法的简约，加上判决中司法意见的表达不当，审理思路的偏差，法院的判决在多大程度上能真正说服当事人，效果存疑。著作权案件的当事人，整体上都是具有一定知识水平的群体，不只是像秋菊那样“想讨一个说法”那么简单。每一起案件的背后，都有一定的深层次原因，这要求法官透过案件表象看到本质。司法界对此已有一定认识[②]。网络在中国的兴起是一个分水岭，以往著作权人的诉求基本上都是基于自身利益被侵犯的主观认知，向法院寻求满足个人的现实利益诉求，基本上是原告一方的战斗；现在，更多的是掺杂了商业模式、利益集团，立足案件、谋求长远利益的较量，借司法判决之手打压对

① 在法院内部，最高人民法院公布的指导性案例、最高人民法院公报上刊登的案例、人民法院出版社出版的《人民法院案例选》、《审判案例要览》上刊登的案例，这些都是可以发挥全国影响力的案例。能够以上述形式公开发表，不仅案件的主审法官、合议庭，而且审理案件的法院，都认为是充分发挥了案件的剩余价值。

② 在韩寒等诉百度文库侵犯著作权纠纷案判决生效之后，审理案件的法官撰文指出，韩寒等作家与百度文库之间的著作权侵权纠纷，双方诉求的不是具体的诉讼结果，而是司法对具体商业模式以及采取合理技术措施与侵权之间关系的定性，背后体现的是不同产业利益集团之间的博弈。此时，司法应担当利益格局的重整功能，以确认新的利益格局。参见李颖、宋鱼水：《论网络存储空间服务商合理注意义务——以韩寒诉百度文库案判决为切入点》，载《知识产权》2012年第6期，第47页。

方。尤其是对于署名权、修改权、保护作品完整权等著作人格权纠纷案件，原告的诉求是以著作人格权受到侵害为基础，实际上可能是以著作权判决取得基于著作权的额外利益，如药品说明书著作权案件。基于法律内部的分工、科学性和严谨性，不能以结果正确而忽视论证过程的瑕疵、错误，如网络定时直播行为，应认定为侵犯何种权利，适用著作权法哪条，是直接适用还是类推适用。

事实上，各种规则的归纳、总结、公布，不仅仅是主审法官、合议庭及所在法院的成果展示，更是法院全系统的推广努力。希望借助系统内外的媒介，立足个案又超越个案，在个案纠纷解决的基础上，确立较为具体的可操作性规则，达到“审理一件、教育一片”的效果。

制度设立的初衷无疑是好的。在竞争中则容易迷失方向[①]。规则的数不断增长，质却没有与之相应提高，有些规则之间出现明确的或者隐含的冲突。如有学者指出，2011 年发生了海淀区人民法院和南京市中级人民法院就汉字字库、字体和字型著作权纠纷案件作出了完全迥异的判决。事实上，如果参照最高人民法院（2010）民三终字第 6 号民事判决书的结论，南京市中级人民法院就不会作出独树一帜的判决[②]。

司法判决面对三个层次的需求，面对当事人分配利益、定分止争的安全层次需求，法官是以裁判回应资源所有、财产所有需求；面对法律同行、社会公众沟通交流，研究评论的尊重层次需求，法官是以裁判实现自我尊重和对人尊

---

① 有些像张五常先生所说的“县际竞争”，参见张五常：《新卖桔者言》，中信出版社 2010 年版，第 313-318 页。笔者认为，在经济领域，中国的县际竞争可以百舸争流，在司法领域，各个法院不能千帆竞进。

② 曹新明：《我国知识产权判例的规范性探讨》，载《知识产权》2016 年第 1 期，第 40 页。

重、被人尊重；面对立法机关的提供范例，促进完善的自我实现层次需求，法官是以裁判实现发挥潜能、自觉创造，基于个案又超越个案。绝大多数案件判决可能只面对前两个层次的需求。由于著作权法与科技进步、商业模式的发展紧密相关，新型、疑难案件出现的几率较高，法官自我实现层次的需求得以实现的可能性相应较大。

二、诉求回应隐含实用主义

薛华克诉燕娅娅著作权侵权纠纷系列案中，一审法院认定被告的五幅油画侵犯了原告的改编权，另外三幅油画不侵权。判定侵权的案件中，原告的摄影作品公开发表在先，经过细节比对油画与摄影作品实质性相似，适用"接触加实质性相似"规则裁判。判定不侵权的案件中，薛克华的摄影作品没有公开发表，燕娅娅提供了实地采风、创作原型等证据，法院认为双方各自独自创作相同题材作品，驳回了原告诉讼请求[①]。法院塑造了相关的规则，对照相写实主义手法的绘画作品说不[②]。缺憾之处是，单一个案的判决都具有相当的事实和法律基础，但是纵观这一系列纠纷案，法院的全部判决似乎缺少对事实的整体认知，仅仅止于个案回应，未能融贯性考虑全部案件的事实可能性[③]，以一致率判断被

---

① 参见周林：《复制？剽窃？造假？——近期视觉艺术领域典型案例评点》，载《中国艺术报》2012 年 6 月 29 日第 007 版。

② 参见黄硕：《照搬照片绘制油画 法院判定构成侵权》，载《人民法院报》2012 年 7 月 16 日第 006 版。

③ 学者在评论法院认定不起诉的一份判决时指出，薛华克起诉燕娅娅侵权作品一共有 8 组。这 8 组作品之间，虽然存在一些差异，但其中存在太多的相似性成分。综合起来分析，通常情况下，由于摄影特有的记实功能，要说是摄影抄袭了油画不大容易，而说油画是根据摄影改编的说法更加合乎事理、合乎法理。参见周林：《复制？剽窃？造假？——近期视觉艺术领域典型案例评点》，载《中国艺术报》2012 年 6 月 29 日第 007 版。

告方提供的证人证言的证明力[①]。

同样为侵犯改编权，同样是北京法院，对作者的赔礼道歉诉讼请求，判决结论不同。在判决燕娅娅侵犯薛华克摄影作品改编权的五起案件中，法院认为，薛华克本案仅主张燕娅娅侵犯了其改编权，该权利系财产性权利，不适用赔礼道歉的责任方式[②]。在陈喆诉于正侵害著作权纠纷案中，法院认为，本案中虽然陈喆主张的是改编权、摄制权，即著作财产权，但原审法院判令于正承担赔礼道歉、消除影响的责任并无不当。首先，通常而言，著作人身权受到侵害时适用赔礼道歉、消除影响的民事责任。赔礼道歉是消除影响的手段，消除影响是赔礼道歉的后果。但从《著作权法》第四十七条规定的字面含义来看，在改编权、摄制权受到侵害时，并不排除赔礼道歉、消除影响责任和赔偿损失责任的并行适用。其次，尽管陈喆在本案中主张的是改编权、摄制权，但对于侵犯改编权的行为而言，在剧本《宫锁连城》与涉案作品构成实质性相似的情况下，实质上暗含了对于涉案作品著作人身权的侵害，比如署名权，同时结合权利人明确提出了要求赔礼道歉、消除影响的诉讼主张，判令于正承担上述责任并未违反同质救济的原则[③]。后一判决为改编权和著作人身权建立了联系，改编权是明显侵害，著作人身权是隐含侵害，二者互为表里。这样的理解无疑扩充了改编权的责任承担方式，以达到法院所希望的实现对原告权利的充分救济合理性，但也使得立法坚持的著作人身权和财产权的分野变得有些模糊。

① 夏超：《原告律师：我们认为这是一起典型的侵权案例——访薛华克代理律师张闻起、赵华航》。载《美术报》2012 年 7 月 28 日第 003 版。

② 苏志甫：《参照他人摄影作品绘制油画属于改编作品》，载《人民司法》2013 年第 12 期，第 51 页。

③ 参见北京市高级人民法院（2015）高民知终字第 1039 号民事判决。

在高垒诉中国戏剧出版社财产损害纠纷一案中，原告高垒先后将自己的作品《大话日本漫画史》上、下两部交与被告中国戏剧出版社出版，后戏剧社由于疏忽将原告《大话日本漫画史》（下）的唯一稿件丢失。法院最终在判决中确认被告侵犯了原告的发表权、署名权等著作人身权，并判决被告承担一定的精神损害赔偿①。

对出版者丢失、毁损作者交付的书稿，法院判决不尽相同。《关于审理著作权民事纠纷案件适用法律若干问题的解释》第 23 条规定依据著作权法第五十三条、民法通则第一百一十七条以及合同法第一百二十二条的规定追究出版者的民事责任。著作权法第五十三条是关于当事人不履行合同义务或者履行合同义务不符合约定条件的，应当依照民法通则、合同法等有关法律规定承担民事责任的规定，民法通则第一百一十七条是关于除侵犯著作权等知识产权、人身权以外侵犯财产权承担赔偿责任的规定，合同法第一百二十二条的是关于因一方当事人的违约行为，侵害对方人身、财产权益的，受损害方有权选择依照合同法要求其承担违约责任或者依据其他法律要求其承担侵权责任的规定。最高人民法院的观点是，处理丢失书稿纠纷与侵犯著作权的剽窃、复制等行为确实属于不同类型的侵权行为，以违反著作权法追究民事责任，不仅从法理和适用法律上不够妥当，而且对遇到丢失、毁损珍贵画稿、书稿等也不如追究合同责任或者物权责任更能弥补权利人的损失②。

---

① 参见北京市海淀区人民法院（2004）海民初字第 19271 号民事判决。

② 陶凯元主编：《最高人民法院知识产权司法解释理解与适用：最新增订板》，中国法制出版社 2016 年版，第 83 页。

这种裁判思维与法律经济学思维有异曲同工之处。在哈德利诉巴克森德尔一案中，原告是一位商业摄影师，买了胶卷来为杂志照相，胶卷邮寄给冲洗的时候却被丢失了。摄影师的成本不仅是胶卷本身的价格，其为拍摄租了一架飞机，可谓成本巨大。在分析案件的时候，波斯纳提出，要比较处理方法的激励效果：是允许摄影师取得全部损失的赔偿，还是将其索赔限制在胶卷价格范围内。前者影响、引导摄影师将来行为有限，很少或不产生避免类似损失的激励，仍然会不预先采取预防措施，因为要么在胶卷不丢失的情况下，圆满完成任务，要么在胶卷丢失的情况下，获得全部赔偿，其付出的全部成本都将得到完整收益。因为受制于信息不完全的客观情况，胶卷冲印者无法知悉具体胶卷的成本，采取更好的预防措施可能性不大。后者可能促使摄影师采取低成本和高效率的预防方法，在冲洗前要求胶卷冲洗者进行特殊处理[①]。

有学者将这种思维总结为"财富最大化"思维。如果按业内惯例，令冲印者只赔偿胶卷价格的数倍金钱，摄影师吃亏买教训，以后对特殊底片特殊处理，冲印者也会慎重对待特殊要求的胶卷，收取不同费用。如此有助于促进交易，增加社会财富。从财富最大化的角度，不会让摄影师得到完整的赔偿[②]。有疑问的是，市场能否认可著作权人的成本，市场能否真正解决这个问题。

新疆维吾尔自治区高级人民法院公布的尔古力・阿不都瓣与帕提古丽・吾买尔侵害其他著作财产权纠纷案，法院指出，对于既具有美感又具有实用性的

① [美]理查德・A. 波斯纳：《法律的经济分析》（上），蒋兆康译，中国大百科全书出版社 1997 年版，第 161 页。
② 熊秉元：《正义的成本》，东方出版社 2014 年版，第 201 页。

作品不宜通过著作权法予以保护，这类智力成果可通过申请外观设计专利的方式予以保护。这与最高人民法院《知识产权案件年度报告》（2013）之 24“实用性与艺术性兼备的客体作为美术作品获得保护的条件”明显相背。

法院考虑行为性质、执行问题，留给当事人预先协商空间，法院回应问题的同时想为当事人设计事前最优方案。与武松打虎案判决一样，司法裁决也许不是问题的最终解决，当事人还可以采取事后协商，终审判决并不是封死酒厂使用作品作为商标之路。法院树立规则之治的意图较为明显。

有法官总结道，我国的知识产权司法开始快速融入到全球知识产权司法保护的洪流之中，在这一进程中，司法造法扮演了极为重要的角色，它不仅形式多样、种类繁多，而且覆盖面非常广泛，造法的程度也深人浅出、错落有致。概括起来，主要有以下六个方面的趋势。客体范围不断扩大；保护权能不断扩充；保护空间不断拓宽；保护举措日益多样；程序限制日渐放宽；赔偿标准日趋确定。上述大规模的司法造法几乎导致知识产权审判的主要方面不再有真正意义上的“规则之治”景象，背离知识产权法的立法本意，打破知识产权法的确定性，损害预设的利益平衡关系，洞开“超国民待遇”保护的大门[①]。

具体到著作权侵权纠纷案件，广西广播电视报社与广西煤炭工人报电视节目表纠纷案中，法院认为，依据（民法通则》第一百零六条第二款的规定，应当确认权利人对没有原创性的节目表享有一定的民事权益或者说财产权。这一案例最终得到了最高人民法院的肯定。通常认为，这是法院在缺乏数据库保

① 参见沈杨：《规则之治憧憬的破灭与再生：论知识产权审判的造法困惑及其消解》，载《法律适用》2007 年第 1 期，第 16-19 页。

护专门立法的情况下，主动将知识产权的保护客体延伸至数据库的代表性案例之一[①]。

司法对权利人的权利保护程序性要求有缓和倾向。在一起涉及动漫形象著作权侵权纠纷案中，二审法院认为，被上诉人在二审审理期间申请本院调取的证据及开庭时提供的证据均系一审举证期限届满前已经客观存在的证据，但由于对上述证据证明案件事实的重要性认识不足逾期提供，根据民事诉讼法第六十五条第二款、民事诉讼法司法解释第一百零二条第二款的规定，本院对盟世奇公司逾期提供证据的行为依法予以训诫。上述证据一，因与被上诉人盟世奇公司取得的权利期限具有关联性，本院予以采信；证据二，因该证据可以证明盟世奇公司使用“熊大”动漫美术作品生产毛绒玩具并进行销售的基本情况，本院予以采信；证据四可以反映“熊大”动漫美术作品在版权保护中心申请著作权登记时提交的原始创作情况及对著作权权利归属的约定情况，本院亦予以采信。证据三，因从天津家乐福购买的相关商品上使用“熊大”形象是否经过华强公司授权无其他证据予以佐证，证据的合法性存疑，本院不予采信。

被上诉人（一审原告）逾期提供证据的行为，受到了法院训诫。二审审理期间，上诉人泽安商贸公司提交汇婴乐玩具商行个体工商户营业执照和税务登记证复印件，复印件加盖了汇婴乐玩具商行发票专用章。泽安商贸公司以此证明其销售的被控侵权商品具有合法来源。对上诉人（一审被告）一审后逾期提供的证据，法院认为，泽安商贸公司通过上述证据不能证明其在销售被控侵权

① 张平：《中美数据库著作权保护的司法比较》，载《知识产权》1998 年第 5 期，第 5 页。

商品时，对该产品的合法来源进行了认真审查。对上述证据本院不予采信[①]。

司法态度宽严不同的背后，是法院贯彻落实知识产权“加强保护”司法政策的一个真实缩影。不仅在证据方面，在赔偿责任方面为维护权利人的利益法院也不遗余力，赔偿的司法裁量有审慎扩大的倾向。

在著名的琼瑶诉于正著作权侵权案中[②]，法院生效判决指出，本案不应适用侵权人的违法所得来计算损害赔偿，应适用酌定赔偿来确定赔偿数额。具体理由为：第一，双方均未提供充分证据证明违法所得，仅凭陈喆主张的于正编剧酬金标准及电视剧《宫锁连城》的发行价格来确定违法所得数额，依据不足。第二，原审法院既要根据侵权人的违法所得来确定赔偿数额，同时又结合各种因素对于赔偿数额进行酌定，其在适用赔偿数额的方法上存有矛盾之处。依据《著作权法》四十九条的法条原义，赔偿数额应首先按照权利人实际损失，其次考虑违法所得的递补，前两者都无法查证适用法定赔偿，最重要的是法定赔偿有五十万的最高额限制。该案中法院在判决中陈述了违法所得计算方式不适用之后，提出了法律明文规定之外的赔偿方式。酌定赔偿是加大知识产权保护力度的背景之下，法官在一定事实和证据的基础上，根据案件具体情况和自由心证，酌情裁量能够给予权利人充分赔偿的损失赔偿方法。陈喆提供的证据不能充分证明侵权人的违法所得，侵权人亦不提供证据证明其违法所得，在此情况下，原审法院将陈喆主张的计算标准作为参考因素是恰当的，也就是说本案中陈喆的初步举证可以证明侵权人的违法所得明显要高于五十万元的法定赔

① 参见天津市高级人民法院（2015）津高民三终字第 0018 号民事判决。
② 参见北京市高级人民法院（2015）高民知终字第 1039 号民事判决。

偿。基于此，本院同时考虑到侵权人的主观过错、具体的侵权行为、侵权后果等因素，酌情确定赔偿数额。原审法院虽然在确定赔偿数额的方法上有一定的不当，但其确定的赔偿数额尚属合理，本院对此赔偿数额予以支持。最终法院判定赔偿陈喆经济损失及诉讼合理开支共计人民币五百万元，解答了上诉人的上诉理由中关于赔偿数额超出法定赔偿的质疑，补正了一审判决中的矛盾、简略之处，澄清了五百万赔偿金额的性质及合法性，酌定赔偿体现出法院在违法所得客观上不可查证取得，权利人损失会远高于法定赔偿最高数额时，参考权利人的初步举证，综合考虑侵权人的主观过错、具体的侵权行为、侵权后果等因素，以实际损失的名义在法律框架内施加给侵权人责任，实际损失、违法所得都无法准确查证时，经由酌定赔偿确定妥当数额，以取得个案实质合理的结果。在财务会计、社会信用等有待大幅提升的中国，审慎酌定权利人的实际损失实为赔偿数额的一种可行之策。酌定赔偿的应用也得到了最高人民法院的认可：权利人提供了用以证明其实际损失或者侵权人违法所得的部分证据，足以认定赔偿所需的部分数据的，应当尽量选择运用酌定赔偿方法确定损害赔偿数额[①]。

司法对卡通形象的确权判决，认定卡通形象应受到著作权保护的理由大同小异，“本案美影厂主张保护的是动画影片《大闹天宫》孙悟空人物形象的著作权，该人物形象系动画造型，属于美术作品的范畴”[②]，“根据版权保护中心审查档案中留存的《作品说明书》记载的创作目的，“熊大”是为动画片《熊

① 最高人民法院副院长陶凯元：《充分发挥司法保护知识产权的主导作用 为建设知识产权强国和世界科技强国提供坚强有力的司法保障和服务——在知识产权审判工作座谈会上暨全国法院知识产权审判“三合一”推进会上的讲话 》。

② 参见上海美术电影制片厂诉珠海天行者文化传播有限公司等侵犯著作财产权纠纷案，载《最高人民法院公报》2014 年第 9 期。

出没》开发的角色形象。该角色形象的表达方式是以自然生态的狗熊为原型，通过独创性构思，以线条、色彩等方式对自然生态的狗熊的形象进行体态特征、头部特征、面部特征等拟人化处理，该作品系作者独立创作完成，且表达了作者对线条、色彩、手法和具体形象设计的独特的美学选择和判断，属于具有审美意义、并且可以复制的平面造型艺术作品，应当认定为著作权法所称的美术作品。”[①] 虽然时代不同，技术历经变化，角色形象由纯手工绘制而展现，到现在经电脑技术手段呈现，法院认为，美术作品的定义依然可以将其涵摄其中，无论是二维的葫芦娃，还是三维的熊大，通过对美术作品的扩大解释，足以保护权利人理应享有的相关合法权利，充分回应了诉争“权利人”的“权利诉求”，实现了形式正义与实质正义。

著作权与形象（尤其是卡通形象）的关系有些微妙。卡通形象一般是虚构角色形象，角色及角色形象作为作者创造性劳动的成果，由著作权给予保护应该是顺理成章的。不少国家很早直到现在仍沿用著作权法来保护虚构角色，只是保护程度有所不同。德国区分角色名称与角色形象保护，法国禁止对角色形象的擅自使用，日本判例对角色的著作权保护限于以图形表现的卡通角色，加拿大对以可视形式描绘的角色作为艺术作品保护，在美国，卡通角色因具有特定化、固定化的外观形象，其本身就是一种“可版权性”的独特表述[②]。可见，将卡通角色予以著作权保护有国内法基础，也有比较法基础。

本文检索到的涉及虚构角色著作权侵权纠纷案例，基本都是关于动漫角色

① 参见天津市高级人民法院（2015）津高民三终字第0018号民事判决。
② 参见吴汉东：《形象的商品化与商品化的形象权》，载《法学》2004年第5期，第12页。

形象的案件，从 1986 年的冯雏因、张融融等诉江苏三毛集团侵犯著作权案开始，三毛、黑猫警长、葫芦娃、喜羊羊、熊大熊二等国人耳熟能详的动漫形象纷纷涉案，很多是系列案件，法院都给予了动漫角色形象以著作权保护。司法救济的频频出手，首先是法律没有关于角色的形象权规定有关，既然角色的商品化在市场经济中有利可图，市场主体搭便车难以避免。其次，也与原告的诉讼请求有关，原告以著作权受到侵害为案由起诉，法院对此的普遍回应是承认原告享有著作权并给予相应司法保护，不可能超出原告诉求去创制形象权进行救济。就事论事式的回应，在法律范围内对实现了对原告诉求损害的救济。

石油振远印刷装订厂侵犯专有出版权纠纷案中[①]，一审法院认为，被告非法印刷的涉案书籍 2 万册未成书已被查缴，另 1.8 万册成书送至了北京书商的储运仓库，原告没有证据证实该非法出版物已流入市场，即原告无证据证明因被告对其专有出版权侵害所造成的实际经济损失，因此，不予支持原告要求被告赔偿其经济损失的请求。一审判决后原告不服上诉，主要理由是，振远厂非法盗印，成书 1.8 万册交给书商应视为流入市场，应赔偿侵权造成的损失 284，400 元。二审法院认为，“因振远厂将 1.8 万册成书送至北京书商储运仓库后，没有证据证实该批成书未流入市场，故应赔偿因其侵权行为给外研社造成的损失 284，400 元。”284，400 元是 1.8 万册成书的码洋。成书是印刷阶段完成，送至书商的储运仓库是进入批发市场，印刷厂履行了主要合同义务，根据权利义务关系，印刷厂应享有向书商的印刷费用请求权，书商负有给付该费用的义务。

---

① 参见河北省廊坊市中级人民法院（1999）廊民初字第 1 号民事判决、河北省高级人民法院（1999）冀经二终字第 152 号民事判决。

按照一审法院的处理方式，判决后印刷厂可以取得书商的印刷费用，盗印书籍还可以取得印刷费用，法理何在？二审法院基于“成书未流入市场”的同样理由，却莫名判决印刷厂赔偿 1.8 万册成书的码洋，判决理由和判决结果之间明显不一致。该案中损失应是 1.8 万册成书的码洋减去成书的成本。

知易行难，实践中，法官对司法的能动性和创新性是有一定认知的。有法官认为，司法的手段是有限的，要有所为有所不为。法院在创新性司法时对于自己的职权范围要有清醒的认识。例如，计算机中文字库是否作为软件保护以及单个字体能否作为美术作品保护，通常属于司法裁量的范围，能否作为单独的一类作品进行保护，则通常属于立法问题，应当由立法去创设和解决[①]。

在北京北大方正诉暴雪娱乐公司等侵犯著作权纠纷案中，一审法院认为，字库中对数据坐标和函数算法的描述并非计算机程序所指的指令，并且字库只能通过特定软件对其进行调用，本身并不能运行并产生某种结果，判决否定了诉争字库属于计算机软件保护条例所规定的程序。二审判决对此事实的判断是，诉争字库中的字体文件的功能是支持相关字体字型的显示和输出，其内容是字型轮廓构建指令及相关数据与字型轮廓动态调整数据指令代码的结合，其经特定软件调用后产生运行结果，属于计算机系统软件的一种，应当认定其是为了得到可在计算机及相关电子设备的输出装置中显示相关字体字型而制作的由计算机执行的代码化指令程序，因此其属于计算机软件保护条例第三条第一项规定的计算机程序，属于著作权法意义上的作品。二审法院还认为，诉争方正兰

---

① 孔祥俊：《知识产权保护的新思维——知识产权司法前沿问题》，中国法制出版社 2013 年版，第 28 页。

亭字库由方正北魏楷体GBK、方正细黑-GBK、方正剪纸GBK，方正兰亭字库V3.0版中的方正隶变GBK，方正兰亭字库V1.0版中的方正隶变GB字体（字库）组成。每款字体（字库）均使用相关特定的数字函数，描述常用的5000余汉字字体轮廓外形，并用相应的控制指令及对相关字体字型进行相应的精细调整，因此每款字体（字库）均由上述指令及相关数据构成，并非由线条、色彩或其他方式构成的有审美意义的平面或者立体的造型艺术作品，因此不属于著作权法意义上的作品。此外，根据诉争相关字体（字库）的制作过程，字库制作过程中的印刷字库与经编码完成的计算机字库及该字库经相关计算机软件调用运行后产生的字体属于不同的客体，且由于汉字本身构造及其表现形式受到一定限制等特点，经计算机软件调用运行后产生的字体是否具有著作权法意义上的独创性，需要进行具体分析后尚能判定。二审法院依据《著作权法实施条例》关于美术作品的定义，否定了字库整体作为美术作品，对字库中单个字体能否作为美术作品，需要个案分析认定[①]。

在北京汉仪公司诉青蛙王子公司等著作权侵权纠纷中，一审法院认为，字库是单个书法作品的集合，一种书体的字库从整体上体现字库内所有单字的笔画、结构特征协调统一的艺术风格，从艺术风格整体协调统一的表达方式角度看，一种字体的字库与其他书体的字库相比，具有明显的显著性和区别特征，因此，从艺术风格整体协调统一的表达方式意义上说，字库也是一部作品。但是正如上所述，字库整体艺术风格一致的基础是每个单字之间的艺术风格一致，

---

① 参见最高人民法院（2010）民三终字第3号民事判决。

我们不能因字库整体风格一致的独创性而否定单字的独创性。二审法院认为，一审法院以字库艺术风格整体协调统一，一种字体的字库区别于其他书体的字库，进而认定字库整体也是一部美术作品，忽视了字库整体系计算机程序这一重要特征，同时也混淆了字库整体与字库经解释执行后显示的单字字体字型的关系，进而影响了对字库性质的判定，应予纠正[①]。

前述案例中，两级法院对字库这一事实的认识路径是截然相反的，一审法院从艺术风格整体协调统一的角度，认为字库是一种表达，属于作品，但是对字库属作品类型的论述明显偏离于法律法规的定义，在我国著作权法对作品类型实质上闭合性规定的前提下，判决理由中字库与美术作品的匹配显得牵强，有些拉郎配之意。字库制作过程中的印刷字库，经编码完成的计算机字库，该字库经相关计算机软件调用运行后产生的字体，三者必须在事实上予以准确区分，在此基础上才可以做出法律判断。字库作为计算机软件这一功能性产品，其与书法、绘画、雕塑等传统美术作品在整体与部分关系、人类感知方面的差异，书法等美术作品可以视整体作为一件美术作品，也可能视其中一部分（其中单个具有独创性的字、画的一部分、雕塑的一部分）作为美术作品，这些都可以通过人类视觉感知到。字库制作过程中的中间过程里的阶段性产品，判定其属于美术作品可谓是无形中挑战了人类视觉感知的底线。

---

① 参见江苏省高级人民法院（2012）苏知民终字第 0161 号民事判决。

三、法院社会实现双向互动

由于事物之间或明或暗的联系，一个行为可能引起一系列预想不到的后果。一个在医生协助下自杀的权利抽象地看很吸引人，但是通过司法判决宣称如此一个权利，实质上是对由医生—病人—家庭组成的复杂系统的一种干预。这种干预可能会给病人后期的病情带来一种可怕的后果，因此可能会减少病人的自主权[①]。

法院是受社会约束的，但反过来司法活动也会积极地改变甚至塑造社会。法官必须清醒地意识到自己和社会“交织于一个复杂的意义网络”，意识到判决不只是一种被动的“观察”，而是主动塑造社会“行为”。唯有如此，司法过程才能获得其应有的责任感[②]。美国法学家德沃金在论述“法律为何重要”时曾说，一位法官的点头对人们带来的得失往往要比国会或议会的任何一般性法案带来的得失更大[③]。如果判决不公正，社会就可能使某个成员蒙受一种道德上的伤害，因为这种判决会在某种程度或某个方面给他打上一个违法者的烙印[④]。

1990年，美国联邦最高法院审结的Stewart v.Abend案，事关演绎作品合法性及责任承担。原告Abend享有短篇小说《必然谋杀》的著作权，著名导演希区柯克未经原告许可，将小说执导拍摄成影片《后窗》。按照美国《版权法》的规定，这属于典型的侵权行为，原告可以要求法院颁发永久性禁令以阻止该片

① [美]戴维·克雷因等：《司法决策的心理学》，陈林林、张晓笑译，法律出版社2016年版，第85页。
② 张千帆：“译者前言”，载张千帆组织编译：《哈佛法律评论·宪法学精粹》，法律出版社 2005 年版，第10页。
③ [美]德沃金：《法律帝国》，李常青译，中国大百科全书出版社1996年版，第1页。
④ [美]德沃金：《法律帝国》，李常青译，中国大百科全书出版社1996年版，第2页。

的继续发行。但是，美国联邦最高法院在审理该案时采取了不同于以往的立场，它在被告继续发行影片可能影响原告利益的情况下，非但没有动用永久禁令制度，而且还认为，电影《后窗》的成功除了原告的智力投入外，它还有赖于电影导演、录像者和作曲者等人的创造性活动，如果颁发永久禁令，对被告是极为不公正的。另外，法院还引入“公共利益”理论，认为法院如果颁发永久禁令，将永远剥夺观众观看该经典影片的机会，有害公共利益。基于前面的理由，法院采取了变通做法，即在判令被告向权利人支付赔偿金或继续支付使用费的情况下使被告的电影作品得以继续存续和利用①。

依据《美国版权法》第103条（a）规定，版权客体包括编辑和演绎作品，但对使用已有版权资料创作的作品的保护，不得延及作品中非法使用此类资料的任何部分②。法律对未经版权人许可的演绎作品采取的是否定性评价，认定为侵犯原作品版权人的版权。但在Stewart v.Abend案中，法院基于功利主义立场，对法律规定的严格立场进行了缓和处理，判定侵权，以金钱取代永久禁令来救济版权人。不可忽视的是，该案中演绎作品的市场成功和观众口碑是法院司法时考虑的一个重要变量，该案的处理提供了演绎作品完成人一种替代性责任承担方式。

对未经许可创作的演绎作品纠纷，我国法院并未坚持全盘否定的立场。在钱钟书案中，二审法院认为，“汇校”是对原作品演绎的一种形式。汇校者必须依法汇校，不得侵犯原作品的著作权。肯智芬未经钱钟书的许可对《围城》

① 参见黄汇：《非法演绎作品保护模式论考》，载《法学论坛》2008年第1期，第129-130页。
② 《十二国著作权法》翻译组：《十二国著作权法》，清华大学出版社2011年版，第723页。

进行汇校，侵犯了钱钟书对作品的使用权和获得报酬权。四川文艺出版社在钱钟书未授权他人汇校的情况下，以营利为目的，出版发行《围城》汇校本一书，也构成了对钱钟书著作权的侵害，应承担连带责任[①]。从涉案演绎作品对原作品实际的市场替代性和市场影响，以及尊重原作品著作权人的改编权等角度，对原作品著作权人与演绎作品完成人之间的著作权侵权纠纷，采取未经许可即侵权的立场是适当的，判决的严格立场是较为妥当的。

而在龚凯杰诉浙江泛亚电子商务有限公司、王蓓案中，法院认为，原告是《死了都不卖》歌词的著作权人，有权提起本案诉讼。原告歌词对《死了都要爱》歌词是否构成侵权，是原告与《死了都要爱》歌词作者之间的关系，不是本案审理的范围，并不影响原告在自己作品被侵权时向他人主张权利[②]。判决的考虑因素有：演绎作品具有新的创造性智力劳动成果具有独立价值；现行立法对涉嫌侵犯他人著作权的作品做出否定性规定；私权利应遵从私法自治原则；从鼓励作品创作、减少创作成本考虑可对未经许可的演绎作品先行保护，同时保留原作者的追索权利[③]。

对演绎作品完成人与利用其演绎作品者之间的纠纷，判决采取法律关系相对性原理，基于网络时代特点，以促进智力作品传播为导向，兼顾到未参与案件中的原作品著作权人利益，回应了对未经许可创作的演绎作品合法性的之问，实现了对立法的间接延展。虽然有功利主义考虑因素，但判决的裁判思维整体

① 《最高人民法院公报》1997 年第 1 期，第 25 页。
② 参见上海市浦东新区人民法院（2007）浦三民初字第 120 号民事判决。
③ 陈慧珍：《未经许可创作的演绎作品仍受著作权法保护》，载《人民司法·案例》2009 年第 12 期，第 46 页。

上值得肯定。

司法需要认真对待当事人的诉求。北京希望电脑公司诉北京达因世纪家用电脑有限责任公司等计算机软件著作权侵权纠纷案中[①]，达因公司上诉称，希望公司的取证方法不当，达因公司的销售人员是在购买人明知该软件未经著作权人许可仍然一再请求、诱导之下才复制软件的。二审法院对此的回应是，达因公司作为专业的电脑经销商，其销售人员应当明知未经著作权人许可，不得复制并随机附送他人享有著作权的软件，而且复制并随机附送时并无胁迫、欺诈等外在因素的影响，希望公司的取证方法并无不当。达因公司是以取证瑕疵来削弱进而否定希望公司的诉求，二审法院从达因公司自身过错论证希望公司的取证方法正当性。如果二审法院能够认真对待达因公司的这个上诉理由，并予以利益衡量的详细论证，该判决满足的就不仅仅是当事人安全层次的需求[②]，为此类案件的早日形成较为统一的司法意见，甚至为立法提供参考。 该案中，希望公司为诉讼购买两台电脑支出 2.9 万元，其中一台是达因公司与百盛公司经营上有共同利益，承担共同侵权责任，另一台是达因公司独立承担责任，一二审都判决达因公司、百盛公司共同赔偿 122，820 元，达因公司赔偿希望公司170，200 元。两台电脑销售价是 2.9 万元，每台平均 1.45 万元，复制并随机附送希望公司软件的代价是 122，820 元、170，200 元。达因公司营业不止卖出这两台电脑，法官不能有一说一，只判决赔偿两套软件的损失等于事实上放纵

① 参见北京市高级人民法院（1997）高知终字第 17 号民事判决。
② 在其后发生的北大方正诉高术天力侵犯软件著作权一案中，陷阱取证方式的正当性被最高人民法院详尽阐述，参见最高人民法院（2006）民三提字第 1 号民事判决。

了达因公司的非法复制行为，但在著作权法没有明文规定惩罚型赔偿的语境下，法院如何得出上述赔偿金额，判决书中看出不推论过程及依据。这样的司法判决，如何满足需求？但法官也陷于两难处境。过多论述易被被告方抓住法律适用方面的把柄，给法律同行以自由裁量过大的口实。稳妥的现实之策就是少说为佳。立法供给先天不足，法官的理性选择使然。司法如何处理侵权概率与实际诉讼的关系，值得深思。

尽管网络已经加速了技术变化的步伐，在新媒体中对演绎作品创作和发行中版权许可范围的解释长久困扰着法院。1920年，美国联邦最高法院在Manners v.Morosco 一案中陷入争论，法院要判定对一个授予“表演和表现”剧本的合同是否包括基于剧本拍摄电影的权利。多年以来，法院反复与新技术议题遭遇，从无声电影，有声电影，现场直播，电视电影，到家用录像机等等。在上个十年，技术议题已经像九头蛇一样浮现，伴随信息数字化造成技术和设施的结合。但是，根本的问题没有改变：如何判定版权许可是否包括新技术[①]。

美国联邦最高法院基于功利主义的立场，多次在判决中叙述了版权的从属性。上世纪七十年代，该院在判决中就指出，版权人法定垄断的限制范围，如同宪法要求的版权限制存续期间，反映竞争性权利诉求与公共利益的平衡。创造性作品需要鼓励和奖赏，但是个人动机必须最终服务于提高文学、音乐和其它艺术广泛可用性的目标。版权法的直接的作用是保护作者创造性劳动的公平回报，但最终目的是，通过这种激励以促进有助于普遍公共利益的艺术创作。

---

① see *Stacey M. Byrnes*，COPYRIGHT LICENSES，NEW TECHNOLOGYAND DEFAULT RULES：CONVERGING MEDIA，DIVERGING COURTS？，20 Loy. L.A. Ent. L. Rev. 243 2000.

美国唯一的利益和授予此垄断的主要目的，在于公众从作者的劳动者得到的总收益[①]。在著名的 Feist 案判决中，该院认为，版权主要的目的不是奖励作者的劳动，而是“促进科学和有用艺术的进步”[②]。

类似的，现在版权法的关注点不是P2P技术、数字录像机、用户生成内容视频分享服务或图书搜索技术是否要发展，而是它们怎样被配置，什么样的责任和保障措施将要落实到位来平衡这些竞争性效果。在每一个环境中，版权影响了技术创新，商业解决方案（包括许可），社会规范和风俗（如用户生成内容原则的公布），公共机构形成（如权利集体组织）。例如，YouTube 诉讼不但促进了许可，而且促进了内容识别技术的发展。谷歌图书搜索解决方案，如果被认可，将产生更大的接近许多享有版权的材料，扩大的许可，书籍权利登记处的发展，集体权利组织将支持作者和出版商[③]。

四、司法尺度掌控进退有序

在英国和美国，最普遍的观点是，坚决主张在每次判决中，法官应始终遵循法律而不是设法改进法律[④]。根据少数人的观点，僵化而又“机械的”法官才是坏法官。这种法官为执法而执法，不管随之而来的苦难、不公正或毫无效果。

---

① Twentieth Century Music Corp. v. Aiken，422 U.S. 151，157（1975）.

② Feist Publications，Inc. v. Rural Tel. Serv. Co.，499 U.S. 340，349（1991）.

③ see Peter S. Menell，Indirect Copyright Liability and Technological Innovation，32 Colum. J.L. & Arts 375 2008-2009.

④ [美]德沃金：《法律帝国》，李常青译，中国大百科全书出版社 1996 年版，第 7 页。德沃金反对没有接受约束的法官，批判他们隐蔽地甚至赤裸裸地歪曲法律以适应自己的目的或政治手段，不是好法官，是篡改者，破坏民主者。

在正义与法律之间，好法官宁愿选择正义[①]。

版权是技术之子[②]，科技对版权的影响广泛而深远。 索尼案针对的是大型规模企业，引起争议的是附加了技术的有形商品，销售、广告等商业行为都在传统商业领域，加之为企业商誉考虑也可能将减少版权风险考虑到企业运营之中，比较容易控制，法律、商业、道德三种机制还存在发挥作用的较大空间，版权人的诉讼理论上存在胜诉及执行的可能性。互联网进入全面商业化年代之后，科技的开发者人数、规模都较以往少而小，尤其是创业者，很多都是一间办公室、两台电脑，但其开发的是软件等无形商品，与传统营销模式大不相同，很少顾及产品开发潜在的版权风险，网络科技呈现分散化、离心型特点，法律、商业、道德三种机制的合力尚显不足[③]。司法应如何应对？

新千年三个案件展现了版权规则的不同方面。在 New York Times Co.v.Tasini 案中，法庭认定自由撰稿人的利益，这些自由撰稿人的文章未经授权被纽约时报发表在电子数据库中。版权法 201 条 c 授予集体作品的版权人一项特权，仅“复制、发行作为该特定集体作品、该集体作品修订版，以及将来同一序列中集体作品的构成部分”。摆在法庭面前的难题是，数据库中期刊的电子出版是否是行使 201 条 c 出版者的权利，总的来说，这种出版提供给用户单篇文章，与期刊整体完全不同。最终，法庭以 7：2 认为文章转转移到数据库不同于从新闻用纸到缩微胶片的转换，判定储存和检索文章分别“实际上践踏

① [美]德沃金：《法律帝国》，李常青译，中国大百科全书出版社 1996 年版，第 8 页。
② [美]保罗・戈斯汀：《著作权之道：从古登堡到数字点播机》，金海军译，北京大学出版社 2008 年版，第 11 页。
③ [美]约翰・冈茨、杰克・罗切斯特：《数字时代，盗版无罪？》，周晓琪译，法律出版社 2008 年版，第 126 页。

了作者控制每篇文章个别的复制和发行的专有权”。多数法官对法律文本持严谨的文义解释立场，不同意异议法官关于信息媒体环境中“修订版”应具有与印刷媒体不一样的意义的观点。

在 Eldred v.Ashcroft 案中，法院处理了对 Sony Bono 版权期限延长法（CTEA）合宪性的挑战。CTEA 将先现存的作品的版权保护期限延长了 20 年。申请人主要主张 CTEA 不能满足提高科学和有益艺术进步的宪法规定，违反了宪法版权条款“有限时间”规定，同时也违反了宪法第一修正案。Eldred 给法庭提供了一个直接机会来判定版权条款对国会版权立法权力的限制。[①]

Dastar v.Twentieth Century Fox 一案，请求人发行了一套名为“第二次世界大战战役在欧洲”的视频，该视频从最初由 Fox 制作的原始电视系列磁带制作而成，但 Fox 的作品已经处于公共领域。Dastar 编辑了该系列，将视频作为自己的产品进行销售。Fox 和被许可人以兰哈姆法第 43 条（a）发起诉讼，该款禁止来源虚假指示，虚假或误导性描述事实，可能导致混淆关于产品来源的虚假或误导性陈述事实。法庭判定第 43 条（a）不能对使用公共领域作品而未归因于作者的人起诉提供诉因。判决确认公共领域作为资源可以完全无条件的接触、利用已过保护期的版权作品[②]。

三个案件提供了一个机会，在更宽广的宪法环境下思考版权，在全球信息环境下版权政策的发展中检视联邦最高法院的作用。联邦最高法院在对待版权

---

① Ruth L.Okediji，Through The Years：The Supreme Court and The Copyright Clause，30 Wm. Mitchell L.Rev.1638（2004）.

② Dastar Corp. v. Twentieth Century Fox Film Corp.，539 U.S.at34（2003）.

条款是表面上保持稳定。法院对根据版权条制定的法律遵循严格文本主义的进路是与支配十九世纪版权案件的文本主义相一致。这样的文本主义，对国会的顺从，与法院经济规制的法律哲学相符。但是，十九世纪反映版权性质关系的案件如今不再重要，法院现代的文本主义实际上服务于重大的规范原则——在上一个千年，建议性的文本主义作为最忠实的方式来取得版权条款的福利目标①。

“进步”是美国知识产权保护的目标，但正如 Eldred 案件所体现的，美国没有测量“进步”明确的标准。历史上，版权法一直就是特定利益团体之间谈判和妥协的产物，当然，占主导地位的是版权人的利益。但是，公共利益的代表，例如图书馆员、教育工作者、科学组织，近来已经在反对内容产业扩张要求时扮演了重要角色。竞技场不是平坦的，关键是立法过程中参与的机会削弱了版权立法只服从贸易保护主义者利益团体影响。CTEA 表面上，没有落入宪法特定的禁止范围。

十九世纪下级法院在保护宪法版权条款边界时也扮演了显著的角色。例如，在 Clayton v.Stone & Hall 一案中，法院拒绝给予每日出版现时市场价格以版权。法院首先考虑版权条款以决定什么是可以保护的，进而判定既然讨论的法规是根据宪法规则制定的，版权保护必须与提高科学和有益艺术进步相一致。类似的，地方法院在 Burrow-Giles Lithographic Co.v.Sarony 认真考虑了宪法施加的限制，判决国会没有宪法权力通过版权保护照片。尽管这种僵硬的解释缺乏弹性，然而联邦最高法院案件中解释宪法条款时完全是字面解释。法院在 Tasini

① Ruth L. Okediji THROUGH THE YEARS：THE SUPREME COURT AND THE COPYRIGHT CLAUSE 30 Wm. Mitchell L. Rev. 1637. 2003-2004. WILLIAM MITCHELL LAW REVIEW，[Vol. **30**：**5**

案的直译主义与法院在 White-Smith Publishing Co.v.Apollo Co.案对待新技术非常一致。该案中，法院认定自动的钢琴打孔纸卷不是它表现的乐曲的“复制”。国会对这个判决的回应是 1909 年修改版权法[①]。

在技术环境之外，19 世纪和 20 世纪早期的司法解释是相当文义的，经常利用历史主义以限制版权法的运作，尤其是关于基本的复制权。在 Stern v.Rosey 案中，法院判定对音乐的声音表演进行机械复制不构成侵犯作曲的版权。[②] Ricordi & Co.v.Mason 一案，法院解释了 1909 年版权法，认为描述不同歌剧场景的小册子不构成对剧本的侵权[③]。按照法院的观点，据称侵权的故事，提供了“只是足够的信息供读者查询，准确的像判例汇编的摘要、书籍的评论，或者一幅画的描述，诱导读者进一步查阅。”[④] 被告只是利用了版权资料而已，法院认为版权保护不能如此延伸以至于阻止此类应用[⑤]。

另一方面，版权作品的平板印刷复制被认为是构成对相关作品的侵权[⑥]。1856 至 1870 年间，新的法律授予音乐、戏剧作品表演权，保护照片或底片，戏剧作曲，绘画，图画，彩色石印画，雕像，模型，设计作为美术作品。翻译权和小说的戏剧化权也包含在版权保护之中[⑦]。曾几何时，所有这些被法院认定不是侵权行为，最经常的原因是这些作品没有侵犯一项明确的权利。

文本主义以 19 世纪版权案件为特征，证实了试图增强新版权法法律根基，

---

① 使音乐作品的机械复制隶属于强制许可体系。See Act of Mar. 4，1909，ch. 320，35 Stat. 1075.

② *See* Stern v. Rosey，17 App. D.C. 562（C.A. D.C. 1901）.

③ 法院允许对原告作品的歌剧不同场景的描述，因为描述不是删节，没有侵犯出版、复制、销售的专有权。*See*Ricordi & Co. v. Mason，201 Fed. 182（S.D.N.Y. 1911）、

④ *Id.* at 183.

⑤ *Id.* at 185.

⑥ Schumacher v. Schwencke，25 F. 466（S.D.N.Y. 1885）.

⑦ Act ofJuly 8，1870，c. 230，§ 86，16 Stat. 198，212（1870）.

同时保证国会行使权力符合宪法版权条款。国会权力的范围和行使权力方式在法院眼中是明显的，遵从国会选择的方式是对立法合宪性满意的结果。在这个意义上，Eldred 案与法院对版权条款的历史进路不一致①。19 世纪法院是精确于文字的，他们能确认版权保护是单独的法规产品。没有请求超出宪法和国会实施建立的增进福祉的目标。现代文本主义走向了相反方向，确认国会的权力不管怎样都需要对其遵从，国会所作所为与版权条款的目标和理想相差多远都可以②。

荷兰法院授予香水以版权保护可谓是司法尺度过宽。荷兰最高法院在判决中支持斯海尔托上诉法院给予兰蔻公司的 TRESOR 香水气味以版权保护③。荷兰法院不仅挑战了版权作品的现有定义，也模糊了思想与表达的界限。气味类香水的生产者很难证明他们的作品是一种独立创造，它甚至没有考虑很少有人能够开发出这样的敏感器官，它们能够在香水中将这种充分混合物的思想从表达中分离出来④。

无独有偶，法国曾出现判决确认香水可受版权保护，巴黎上诉法院判决香味可以得到版权保护，只要其满足了独创性要求。法国最高法院推翻了该判决，判定香味不是作品。是否存在鼻尖上的版权？菜谱如受保护，就出现舌尖上的

---

① *See, e.g.*, American Tobacco Co. v. Werckmeister, 207 U.S. 284, 291（1907）; Bleistein v. Donaldson Lithographing Co., 188 U.S. 239, 249（1903）; Higgens v. Keuffel, 140 U.S. 428, 430-31, 433（1891）; Thompson v. Hubbard, 131U.S. 123，151（1889）；Banks v. Manchester，128 U.S. 244（1888）；Wheaton v.Peters，33 U.S. 591，642（1834）.转引自 Ruth L. Okediji，30 Wm. Mitchell L. Rev. 1649 2003-2004.

② Ruth L. Okediji THROUGH THE YEARS：THE SUPREME COURT AND THE COPYRIGHT CLAUSE 30 Wm. Mitchell L. Rev. 1649.

③ Kekofa BV v Lanco^me Parfums et Beaute' et Cie SNC，Supreme Court of the Netherlands （First Chamber），16 June 2006.

④ [荷]安塞姆·凯普曼·桑德斯：《模仿的标准与盗用会削弱知识产权法的基础吗？》，[英]埃斯特尔·德克雷主编：《欧盟版权法之未来》，徐红菊译，知识产权出版社 2016 年版，第 444 页。

版权？[①]司法是否正在支持版权四处扩张？阿玛尼公司发现荷兰鞋子设计者侵犯版权。在针对意大利时尚公司阿玛尼的初步救济中，荷兰法院认可对一个名为“这几乎不是鞋”的鞋以版权保护，但是拒绝了阿玛尼的更正请求，因为案件事实显示版权的公开存在疑问。[②]

在对待基于商业目的而未经著作权人许可的行为方面，我国司法的处理决定有时显得过于严苛。如在于耀中诉北京成象影视制作公司等侵害著作权纠纷案中[③]，原告是美术作品《支柱》的著作权人，两审法院都因被告未经原告许可将《支柱》在电视剧中作为道具使用，认定被告侵权，判决主文第二项规定五被告须向购买电视剧录像带及播放权的单位或个人具函，说明作为道具使用的《支柱》的作者情况，并在尚未销售的录像带上加贴“本剧拍摄采用了于耀中的美术作品《支柱》”文字说明。一审判决主文第三项还规定，五被告共同给付于耀中作品的使用费人民币55，000元，二审认为一审酌定的赔偿数额缺乏合理依据，改判为6320元。两审判决既然判决五被告需要给付作品使用费，为何还要另行规定被告的补充说明义务。在影视作品中，美术作品的署名权如何体现，法院已查明被告是将涉案的美术作品作为演绎男、女主角爱情故事的道具在电视剧中使用近80次，至少就本案来讲，难道要在剧中加字幕说明或者演员台词说明才算是不侵犯署名权？为维护作者的署名权，法院责成五被告说明义务，该项义务的成立基础有待商榷，判决确定的说明方式既不合理也不经济，

① Socie'te'Bellure v SA L'Ore'al et al.，Cour d'appel de Paris，25 January 2006.
② Jansen v Armani，Court of Amsterdam，22 September 2005（LJN AU3080）.
③ 参见北京市第二中级人民法院（1996）二中知初字第22号民事判决、北京市高级人民法院（1997）高知终字第32号民事判决。

远不如判决被告在电视剧开始或结尾处以明显方式说明作品的作者，以便以后的电视剧播出时起到补充说明作用。本案另一个问题在于，除了作为道具使用外，为剧情拍摄需要，剧组复制了一件石膏的陶艺品《支柱》，作为不能破坏的原件陶艺品的替代品，该复制品在电视剧摄制完成后已毁损。一审法院认定五被告擅自复制、播放且未署名侵权，二审法院则认为，作为道具使用侵犯作者署名权、使用权和获得报酬权，剧组为表现剧情而复制不是以营利为目的，不应认定为侵权复制。照此逻辑，是否以营利为目的就成了认定著作权侵权与否的认定标准，在不符合当时《著作权法》合理使用、法定许可的情况下，法院通过司法创造了一个侵权认定标准。况且，剧中使用替代品的镜头，是否侵犯了著作权人的使用权？剧组是以商业性目的使用，但不是以营利为目的，如何认定行为的效力？本案中剧组是将作品作道具在电视剧中附带性使用，如何依法保护作者的权利，法院的司法意见留下了一连串的疑问。

判决主文的自由裁量空间过大，当事人会无所适从。如在徐叔华诉上海音乐出版社侵犯著作权纠纷案中[①]，法院判决上海音乐出版社在一家全国性报刊上向徐叔华致歉，在徐叔华诉四川文艺出版社侵犯著作权纠纷案中[②]，法院判决四川文艺出版社向徐叔华书面致歉。同一原告，被告都是明知作品作者的情况下却署名错误，相同的合议庭成员，同一天的判决，致歉方式却不同。判决书指出，“徐叔华要求四川文艺出版社在一家全国性报刊上公开致歉的诉讼请求，本院考虑到本案的具体情况，认为由四川文艺出版社向徐叔华书面致歉即可”，

① 参见北京市第二中级人民法院（1998）二中知初字第55号民事判决。
② 参见北京市第二中级人民法院（1998）二中知初字第26号民事判决。

至于何种具体情况，不得而知。面对当事人的司法需求，法院的司法供给不足，徐叔华起诉署名权受到损害，法院在认定侵权成立的前提下，提供的司法救济措施与案件的具体情况不适配。上海音乐出版社出版的是《钢琴基础教程》，读者、购买者等受众群体相对较小，侵权影响范围相应也较为有限；四川文艺出版社出版的是书籍《唱支山歌给党听》，读者、购买者等受众群体人数较多，侵权影响范围相应也较大。

在韩寒与百度文库著作权侵权纠纷案中①，法院以“注意义务”为切入点，对百度公司采取技术措施的妥当性进行判断，判决赔偿经济损失及合理开支，没有支持对关闭百度文库的诉求。法院所持的理由是，原告方对什么是有效措施没有说明，有效措施会随着认识的提高和技术的发展不断完善，同时百度文库具有“实质性非侵权用途”。可见法院是赞同索尼案所确立的规则。审理法官如此解释法院裁断的一个隐含理由，法官基于不了解技术最新发展情况的自我认知，不愿对相关网络行业采取的技术措进行太多干预，法院只是以“最大善意原则”作为指导，把问题留给商业实践，“反映了法院在面对技术问题时的谨慎和保守态度”②。面对日新月异的技术，丰富多彩的艺术，法院在著作权司法时做到张弛有度非常必要。

私人之间的著作权侵权纠纷，案件的发生有时会发生当事人都意料不到的结果，如王蒙等作家与世纪互联公司案，案件发生当时，适逢网络在中国起步

① 参见北京市海淀区人民法院（2012）海民初字第5558号民事判决。

② 李颖：《网络存储空间服务提供商“合理注意义务”及采取预防侵权技术措施妥当性的判断——以韩寒诉百度文库案判决为切入点》，载宿迟等主编：《网络知识产权保护热点疑难问题解析》，中国法制出版社2016年版，第84-85页。

之时，该案判决不仅约束世纪互联的网上传播行为，同时也对相同情况的潜在被告产生影响力，由一项裁判规则，树立为行为规则，促进了著作权的法条修改，进而成为普遍性的法律规范。“能动主义司法的最终目的在于将国家政策贯彻到法官所审理的案件之中。”[①] 著作权司法裁判中，法院需要注意回应型司法可能的制度性影响，就事论事的裁判进路，可能对个案解决纠纷有意义，但指导司法的弹性实用主义，不利于法律适用的统一。

① [美]米尔伊安·R·达玛什卡：《司法和国家权力的多张面孔》，郑戈译，中国政法大学出版社 2015 年版，第 113 页。

第六章　裁判演绎的进路研究

1990 年，《著作权法》颁布，迄今为止，国务院先后制定了六部著作权方面的相关条例，我国著作权法律体系的基本框架已经形成。现在，《著作权法》第三次修改已经列入立法议程，此次修改能否一改前两次修法的被动性、局部性而真正成为一部体现时代特征、本国特色的范式著作权法，有待理论界、实务界、公众的共同努力。在中国著作权法发展进程中，司法无疑是促进著作权法前行的重要动力，无论是个案判决，还是司法解释，都切实影响“纸面上的权利”如何成为“现实的权利”。值此《著作权法》修改之际，本文试图展示中国著作权司法对立法的适用路径，揭示司法与立法的能量传导，以期对著作权司法完善、著作权立法修改有所裨益。

一、司法演绎的模型分析

在《著作权法》颁行之前，甚至更早的时候，在1986年《民法通则》颁行之前，中国法院就已经在审理有关“著作权”的诉讼了[①]。《民法通则》《著作权法》的立法规定使得法院的判决不再依靠政策、法理处理相关纠纷，从“无法可依”到“有法可依”，中国著作权司法实现了实质性跨越。

“以事实为依据，以法律为准绳”是我国司法的基本原则。在具体案件审理过程中，法官在查清事实之后进入“找法”阶段。在著作权民事司法审判中，找法的结果有如下四种可能性[②]：存在明确具体的法律规定；存在不确定概念；法律规定之间存在隐性冲突；存在法律漏洞。第一种情况的处理较为容易，本文不再赘述。后三种情况实践中争论较多，是本文叙述的重点。

（一）不确定概念的具体化作业

惟有些概念，恒需由审判者于个案中斟酌一切情事始可确定，亦即需由审判官予以价值判断，始可具体化，谓之不确定的规范性概念或不确定法律概念[③]。作为对无形客体——作品产生、利用进行规制的规范，著作权立法中不确定概念相对较多，无疑增加了司法者的工作量。中国法院充分发挥了主观能动性。

模型一：独创性界定的逐层剥离与理论融合

在北京久其软件股份有限公司诉上海天臣计算机软件有限公司著作权纠纷

① 参见王范武：《北京法院16年著作权司法审判工作回顾——纪念〈著作权法实施十周年〉》，载《电子知识产权》2001年第7期，第52页。

② 梁慧星先生将找法的结果归纳为三种可能性：有、无、不确定概念。参见梁慧星：《裁判的方法》，法律出版社2003年版，第36-49页。

③ 杨仁寿：《法学方法论》，中国政法大学出版社1999年版，第135页。

案中[①]，法院认为，《久其软件》用户界面的各构成要素本身并不受著作权法的保护，菜单命令的名称与按钮的名称属于对操作方法的简单描述，不具有独创性，不受著作权法保护；组成图形用户界面的菜单栏、对话框、窗口、滚动条等要素是图形用户界面通用的要素，不具有独创性，不受著作权法保护；有关按钮功能的文字说明是对按钮功能的简单解释，表达方式有限，不受著作权法保护；表示特定报表的图标仅仅是一种简单的标记，不具有独创性，不受著作权法保护。从《久其软件》用户界面的整体来看，其各构成要素的选择、编排、布局，仅仅是一种简单的排列组合，并无明显区别于一般图形用户界面的独特之处，不具有独创性，不受著作权法保护。涉案软件均属财务报表管理软件，两者的功能近似，用户需求亦相似，而软件的用户界面是按照用户需求进行设计的，并要求尽可能地方便用户使用，这必然导致两个软件的用户界面具有一定的相似性。

本案中，法院首先剥离了不受著作权法保护的菜单命令、按钮、操作方法等不属于著作权法保护的"思想"部分，然后以实用性排除了公有领域的部分，在此基础上，对原告的主张进行独创性判断，最终否定了原告的诉讼请求。在逐层剥离过程中，运用了"思想与表达区分""公共领域保留""表达与思想的合并"等理论，较好的实现了理论与实际的有机结合。

（二）法条隐性冲突的倾向性适用

由于立法时间、立法原则、起草机构的不同，法律之间存在冲突的可能性。

① 参见上海市高级人民法院（2005）沪高民三知终字第38号民事判决书。

我国知识产权立法一直游离在传统民事立法之外，民事主体拥有的知识产权与物权等传统民事权利因在不同法中加以规定产生隐性冲突，司法时必须在利益平衡的基础上有所侧重。

模型二：所有权与著作权权利冲突时的抉择

《著作权》第十八条规定，美术等作品原件所有权的转移，不视为作品著作权的转移，但美术作品原件的展览权由原件所有人享有。立法将作品的著作权与作品载体的所有权作了科学的区分，在著作权与作品载体的所有权分属不同主体进而发生权利冲突之时如何处理，立法则语焉不详。

蔡迪安等与湖北晴川饭店有限公司等著作权侵权纠纷一案中，在认定《赤壁之战》壁画作品的著作权应归蔡迪安等四作者享有、《赤壁之战》壁画作品原件财产所有权应归晴川公司享有的基础上，二审法院认为，晴川公司与蔡迪安等之间既无合同约定，更无法律规定晴川公司拆毁《赤壁之战》壁画原件前必须履行告知或协商的义务。晴川公司拆毁的是属于自己财产的美术作品原件，是对自己合法拥有的财产行使处分权，该行为不属于《著作权法》第四十六条规定的关于侵犯著作权行为之列，该行为不应属于侵犯著作权行为①。可见，法院并未对所有权人附加拆毁前的告知、协商义务，而是以所有权人行使处分权作为侵犯著作权的阻却事由，维护所有权人行使所有权的完整性②。

①参见湖北省高级人民法院（2003）鄂民三终字第 18 号民事判决、湖北省武汉市中级人民法院（2002）武知初字第 72 号民事判决。

② 本案虽在法律上尘埃落定，但仍有值得思考之处，是否所有权无条件优先于著作权，法院只是给出了针对个案的处理方案，而且是有争议的方案。

模型三：著作权与所有权权利竞合时的衡平

在作品的著作权与作品载体的所有权同属一个主体时，他人丢失作品载体是否侵犯了作者的著作权，不仅仅是权利竞合时的选择权问题，利益衡平也在考验司法者。

在沈金钊诉上海远东出版社图书出版合同纠纷案中，案件基本事实清楚：出版社丢失作者书稿，裁判难点在于出版社的行为是否侵犯作者的著作权。最高人民法院复查后认为，书稿是作品的载体，不完全等同于作品本身。书稿本身被侵害，也不完全等同于该作品的著作权受到侵害。书稿的丢失，对权利人在证明著作权的享有、行使著作权方面固然产生一定的不利影响，但一般不构成《著作权法》规定的侵害著作权的行为。上海远东出版社在履行出版合同过程中将书稿丢失，造成履约不能，应当承担违约责任；其将书稿丢失，亦侵犯了沈金钊对作为特殊物“书稿”的所有权，应当承担一定的民事责任。原审判决认定出版社丢失书稿损害了沈金钊的合法权益，并根据合同约定以及其在创作作品中所付出的劳动、作品类型、市场需求等综合因素，依法所作的由上海远东出版社赔偿一定数额经济损失的判决是合理的[①]。本案案由确定为合同纠纷，事实上限制了著作权的适用空间，而原审判决根据沈金钊创作作品中所付出的劳动、作品类型、市场需求等综合因素判决出版社赔偿损失，在相当程度上弥补了出版社丢失书稿带给沈金钊的经济利益损失。最高法院也是基于上述

① 详情参见上海市徐汇区人民法院（1996）徐民初字第30号民事判决、上海市第一中级人民法院（1997）沪一中民终知字第1469号民事判决、上海市第一中级人民法院（1998）沪一中知监字第3号民事裁定、上海市高级人民法院（1999）沪高知监字第1号民事裁定、最高人民法院（2000）知监字第37号民事裁定。

考虑做出了裁定。

（三）法律漏洞的司法补充

近代以来的中国著作权是舶来品，如何实现著作权立法的本土化与国际化兼容不仅考验立法者，更考验司法者。1990 年《著作权法》中关于信息网络技术对著作权的影响没有规定，对民间文学艺术作品的保护同样没有顾及。为“权利”而斗争的原告起诉至法院，法院并未简单地以“法律没有明文规定”驳回起诉。

模型四：信息网络传播的司法扩充性回应

1999 年，被称为“网上侵权第一案”的王蒙等六作家诉北京世纪互联通讯技术有限公司侵犯著作权案，法院对 1990 年《著作权法》第十条第五项“以复制、表演、播放、展览、发行、摄制电影电视、录像或者改编、翻译、注释、编辑等方式使用作品的权利，以及许可他人以上述方式使用作品，并由此获得报酬的权利”进行了扩充解释，认为，“在网络上使用他人作品，也是作品的使用方式之一，使用者应征得著作权人的许可”[①]，将在网络上使用作品的行为纳入到“等方式”的涵盖范围之内，致力于在现行立法框架内规制网上传播作品行为，以维护《著作权法》的权威，努力弥补网络带来的技术与立法之间的裂痕。为解决涉及计算机网络的著作权纠纷案件，2000 年 12 月 19 日，最高人民法院公布了《关于审理计算机网络纠纷案件适用法律若干问题的解释》，2004

① 王蒙案参见北京市海淀区法院（1999）海知初字第 53 号判决、北京市第一中级人民法院（1999）一中知终字第 183 号判决，张承志案刊登于 2000 年第 2 期《最高人民法院公报》中，表明了最高人民法院对此类案件审理的态度。

年1月2日、2006年11月22日先后两次做出了上述司法解释的修改决定。立法方面，2001年10月27日，《著作权法》进行第一次修改，明确规定了著作权人和表演者、录音录像制作者的信息网络传播权，并在第58条规定“信息网络传播权的保护办法由国务院另行规定”。2006年5月18日，国务院颁布了《信息网络传播权保护条例》，2006年7月1日条例施行。

通过以上实践历程可以看到，在信息网络传播的规制方面，无论是司法个案确权，还是司法解释普遍规制，司法都先行立法一步。无论是在尚未成为有名权利之前，还是2001年《著作权法》第一次修改后仅有权利之名，直至2006年《信息网络传播权保护条例》加以系统规定，“信息网络传播”领域在五年半时间里，通过司法个案确权，借助司法解释普遍规制，在很大程度上，司法发挥着社会导向作用，司法向立法输出正能量。

模型五：民间文学艺术作品的司法克制性保护

2001年《著作权法》第一次修改时，其第六条规定，“民间文学艺术作品的著作权保护办法由国务院另行规定”。时至今日，国务院也没有颁行相关行政法规，可以说，在民间文学艺术作品著作权领域出现了事实上的法律真空。

2001年10月23日，黑龙江省饶河县四排赫哲族乡人民政府诉郭颂、中央电视台、北京北辰购物中心侵犯著作权纠纷案中，二审法院认为①，四排赫哲族乡人民政府作为一个民族乡政府可以作为赫哲族部分群体公共利益的代表，在符合《宪法》规定的基本原则、不违反法律禁止性规定的前提下，四排赫哲族

① 参见北京市第二中级人民法院（2001）二中知初字第223号判决、北京市高级人民法院（2003）高民终字第246号判决。

乡人民政府为维护本区域内的赫哲族公众的权益，可以自己的名义对侵犯赫哲族民间文学艺术作品合法权益的行为提起诉讼。审理法院在论证原告与案件具有利害关系的基础上，认可了四排赫哲族乡人民政府的主体资格。在这起案件之前，人们对于什么是民间文学艺术作品、我国法律是否保护民间文学艺术作品认识不足。因此，在这起案件中，确定对争议的赫哲族民间曲调《想情郎》《狩猎的哥哥回来了》给予保护具有重要意义，而给予何种程度的保护要慎重考虑有关法律理论和实践问题。正是基于上述考虑，法院通过判决确认争议的赫哲族民间曲调形式属于民间文学艺术作品，应当受到法律保护；在确认《乌苏里船歌》为改编作品的情况下，仅判令郭颂、中央电视台在使用该作品时应注明出处，并仅要求郭颂、中央电视台通过媒体向公众作出声明[①]。1982 年世界知识产权组织与联合国教科文组织通过《保护民间文学艺术表现形式以抵制非法利用和其他不法行为的国内法律示范条款》，明确规定了“来源的承认”，要求在所有的印刷出版物中以及有关的任何公开传播中，必须用恰当的方式标明其来源。法院的判决意见与示范条款相符，展现了立法沉默时的法院务实而克制的司法策略。

模型六：合理使用法条的慎重取舍

在胡浩波诉教育部考试中心侵犯著作权纠纷案中，司法的难点在于高考试卷中使用了作者的文字作品是否构成合理使用。《著作权法》第二十二条第一款第六项规定，为学校课堂教学或者科学研究，翻译或者少量复制已经发表的

---

① 奚晓明、孔祥俊主编：《法官评述 100 个影响中国的知识产权经典案例》，知识产权出版社 2010 年版，第 525 页。

作品，供教学或者科研人员使用，但不得出版发行。法院没有采纳该法条作为判决依据，因法院认为将“少量”做扩张解释，并将“考试行为”归并于该条的难度较大，且扩大解释对大众的说理性不够，社会效果不好。最后法院作为判决依据的是《著作权法》第二十二条第一款第七项规定：国家机关为执行公务在合理范围内使用已经发表的作品。教育部考试中心是国家的法定授权机关，对外代表国家采用考试方式选拔人才。同时，考试中心也是教育部的委托机关，对外接受教育部的委托执行高考任务[①]。《著作权法》对合理使用采取的是封闭式规定，教育部考试中心的高考出题行为在当下中国具有实质合理性，如何解决被告行为与法条的表面冲突，法院进行的上述论证，易于为社会公众所接受、认可，缓冲了《著作权法》有限的法条与丰富的现实之间的紧张关系。

从中国现实观察，法官在行使裁量权时是不自由的，其自由受到内部审判程序、审判监督机制、质效考核等硬性限制，外部受到学界、媒体、当事人、公众的软性监督。通过上述实例的分析，我们可以清晰看出中国司法者在著作权法领域的司法之策，法官对案件（尤其是疑难复杂案件）并没有“头脑清楚地对付过去”[②]，判决理由的详加论证充分证明了这一点。在著作权领域，司法并没有在扩张权利的道路上一路高歌猛进，已有学者进行了量化分析[③]。特别值得注意的是，当法无明文规定时、法律滞后时，对社会而言，现实中更多地是

---

① 参见北京市海淀区人民法院（2007）海民初字第 16761 号民事判决。宋鱼水法官曾就案件作了“关于高考试卷使用作品的著作权分析”的主题报告，参见崔建远主编：《民法九人行》（第 5 卷），法律出版社 2011 年版，第 214-225 页。

② 审理好案件不仅是响应司法为民等宏观政治号召与完成审判业绩考核目标等微观工作要求，同时也是法官个人能力的体现和彰显，尤其是疑难案件、新类型案件的审理。

③ 参见梁志文：《法院发展知识产权法：判例、法律方法和正当性》，载《法学》2011 年第 3 期，第 31 页。

司法先行的影响路径。

二、司法演绎的空间之维

近些年来，由于科技飞速发展、知识产权与贸易挂钩，世界各国著作权立法修法频繁，我国《著作权法》也进行了两次局部修改。对于著作权这样一个常变常新的领域，立法修法是否是解决实践中难题的不二法门？修改可以适时舒缓、消解司法面临的著作权成长的压力，司法发挥的空间会有所转移但依然存在。笔者更倾向于将中国著作权司法比喻为化方为圆，图示如下：

（图中虚线方框代表《著作权法》的立法框架，实线大圆、小圆代表司法的空间）

如图所示，“圆”的组合可以无限接近“方”，“方”是众多“圆”的空间极限。由方至圆，著作权司法正是司法向立法框架的趋近，在此过程中，司法不仅要致力于证实立法规定的立论合法性，更需要努力体现立法规定的现实合理性，消解（至少部分消解）立法缺陷传导来的负能量。化方为圆的过程中，司法者充分发挥主观能动性，运用前述的模型方式，力求使得著作权立法在实践中圆通、可行。

在图形所示的核心区域，立法规定具体、明确，法院依法裁判，结果可预期强，立法与司法呈高度重合状态；随着立法规制范围的扩展，越是远离核心区域，立法的边界变得不是那么清晰，司法向立法框架靠近的努力被质疑的概率大大增加，立法与司法关系成为法律共同体关注的论题[①]。

成文法以文字事先公布规则，改变了法的秘不可知状态，是人类（主要是被统治阶级）追求法的安全价值的一次胜利。法典法则是在理性观念支配下编纂的体系化文本，是人类追求法的安全价值的再一次努力。但过犹不及，在人类将安全价值进行到底的时候，现实无情地证伪了包罗万象“决疑式”法典的可行性。《德国民法典》的立法者创设了一般条款以缓和，《瑞士民法典》的立法者公开承认法典之不足并以基本原则、法官立法以补足。从此，立法与司法的关系不再僵硬划分，立法发展的任务司法者同样有责。

美国联邦最高法院在索尼案判决时指出，也许国会应该重新审视这个新技术，正如它过去审查其他技术革新一样，但是去实施还没有写出来的法律不是我们的工作[②]。司法只能从现有资源中寻找裁判的依据。作为民法家族的小字辈，知识产权立法时授予了司法有限的补充权，我国《著作权法》中“应当由著作

① 鉴于文章篇幅所限，本文只能进行粗线条的陈述。相关详细论述参见徐国栋：《民法基本原则解释——成文法局限性之克服》（增订本），中国政法大学出版社 2001 年版，第三章。

② Sony Corp. of America v. Universal City Studios，Inc，464 U.S.417 （1984）. 转引自吴伟光：《数字技术环境下的版权法危机与对策》，知识产权出版社 2008 年版，第 120 页。

权人享有的其他权利”“其他侵犯著作权以及与著作权有关的权益的行为”即为适例，而法院将一些法无明文规定的案件通过对“其他”“等”进行扩充性解释以求在立法框架内解决纠纷。在民间文学艺术作品之类立法漏洞的案件中，法院可资利用的是法理、比较法等资源，此时，法院只是个案确权而非整体创权，权利的主体、权项、利用等规则有赖于立法的系统规定，立法与司法实质上的权力分工依然存在。

对中国著作权司法而言，现实中下列因素的存在，可能导致司法对立法框架的越界或远离：

1.著作权立法对技术的亦步亦趋。从印刷版权到电子版权、数字版权，技术是推动著作权法发展的永恒动力，技术的发展可以是一日千里，而立法受制于既定程序、利益平衡而无法保持与技术同步，只能走在技术身后。立法缺乏必要的前瞻性，必然导致司法“找法”的困难。如，《信息网络传播权保护条例》颁行之后，网页快照、搜索引擎之类案件依然让法官有法律不敷适用之感。

2.著作权法的“专家法律”的特性。从历史上看，版权制度的产生主要是出版商为了维护自身垄断利益的需要；从制度本身来看，版权制度不可避免地成为专家制度[①]。斯托里大法官曾经指出，相比其他各类在法庭上争论的案件，版权更加接近于所谓的法律的形而上学，其特征是，至少看起来可能是如此的微妙与精巧，并且有时几乎是转瞬即逝的[②]。“专家法律”的特征客观上造成了

① 吴伟光：《版权制度与新媒体技术之间的裂痕与弥补》，载《现代法学》2011年第3期。
② [美]保罗・戈斯汀：《版权之道—从古登堡到数字点播机》，金海军译，北京大学出版社2008年版，第6页。

社会普通公众与著作权法的疏远，大众可能无法清楚知晓著作权、邻接权的权利内容，“不知情的大多数”无形中影响司法的教育、惩戒功能发挥。

3.法律移植的排异反应。我国《著作权法》在立法时借鉴了大陆法系的作者权体系、英美法系的版权体系，两大体系在《著作权法》中绝大多数是融合的，但也有排异情况存在，立法的隐性冲突可能致司法于左右为难境地。我国一方面承认了著作人格权，另一方面又违反了人格权的专属性。尤其是法人作品制度，将法人“视为作者”，是典型的版权体系的做法，这种拿来主义的态度让人无所适从，也给司法实践带来了困难[①]。

4.立法认知引致的立法漏洞。认知的漏洞，通常是立法者认为，对于系争问题的规范最好让法院在学术界的支持下来逐步完成，以免操之过急，作出不成熟的、僵硬的规定，以致妨碍法律体系之进化。未认知的漏洞，往往出于立法者的疏忽和错误[②]。认知的漏洞常经由司法时解释予以解答，未认知的漏洞则要进行漏洞补充，二者的司法应对之策不同。由于我国以往立法的公开性不足，立法理由书难寻，出现立法漏洞时难以判断漏洞类型，司法应对之策的合法性存在疑问。

三、演绎进路的可能走向

《著作权法》颁行二十余年，正是中国从计划经济向市场经济转变、依法治国理念深入人心、互联网发展日新月异的历史阶段，经济发展、法治观念、

① 李琛：《论知识产权法的体系化》，北京大学出版社 2005 年版，第 32 页。
② 梁慧星：《民法解释学》，中国政法大学出版社 1995 年版，第 258 页。

信息传播这三支力量的合力不断冲击《著作权法》设定的既有框架。对中国法院来说，相较于著作权案件数量迅速增长的压力，稳定的立法与变动的现实之间的张力显然更具挑战性，尤其是法无明文规定、法律滞后时案件的审理充分考验着司法的实践智慧。

立法与司法都具有解决问题的比较优势或相对优势[①]。化方为圆，需要勇气，更需要智慧。透过中国著作权司法实践，可见司法弥补立法与技术、权利人与公众、法律与社会之间裂痕的努力[②]。在此进程中，《著作权法》立法宗旨应作为司法适用的宏观指导思想，保护著作权与邻接权、鼓励创作与传播、促进文化科学事业发展与繁荣三者不可失之偏颇。加强保护的知识产权司法政策并不意味着权利人对新技术带来的利益全部收入囊中。司法中法官要认真对待立法目的，实现从“字面服从”与“思想服从”的有机统一。“思想服从”可以确保法律的正确适用和案件的妥当裁判，特别是使法律能够及时地满足新要求、适应新情况和解决新问题[③]。

结合著作权法第三次修改草案的内容，笔者试图呈现中国著作权司法演绎新的可能性进路：

模型一：漏洞补充的司法权回撤

立法是立法者的阶段性认识成果，随着实践的发展与立法者认知水平的进

① 美国专利法的立法与司法实践表明，立法的原则性和相对稳定性与司法的灵活性，知识产权司法具有灵活回应创新需求的独特优势。参见孔祥俊：《知识产权保护的新思维——知识产权司法前沿问题》，中国法制出版社 2013 年版，第 37 页。

② 不可否认，有时法院利用司法技术突破了立法的框架而实质上进行了“司法造法”，理论界已有警惕和批评，典型意见参见崔国斌：《知识产权法官造法批判》，载《中国法学》2006 年第 1 期，第 144—164 页。

③ 孔祥俊：《司法哲学与裁判方法》，人民法院出版社 2010 年版，第 135 页。

步，新的立法可能使得原本的立法漏洞消失，此时，司法权在相关空间回撤。如，《著作权法》第十三条第二款规定，合作作品可以分割使用的，作者对各自创作的部分可以单独享有著作权，但行使著作权时不得侵犯合作作品整体的著作权。立法只规定了合作作品可以分割使用的情形，未涉及不可以分割使用的情形。《著作权法》修改草案、修改草案二稿、修订草案送审稿均规定，合作作品不可以分割使用的，其著作权由各合作作者共同享有，通过协商一致行使；不能协商一致，又无正当理由的，任何一方不得阻止他方使用或者许可他人使用，但是所得收益应当合理分配给所有合作作者。修改草案将合作作品不可以分割使用的情形时的权利义务分配决定权转归于立法，法官判决时的说明义务明显减轻[①]。

司法权的回撤同时也可能意味着司法方向的调整。修改草案第二稿第二十条第四款的规定，陈列于公共场所的美术作品的原件为该作品的唯一载体的，该原件所有人对其进行拆除、损毁等事实处分前，应当在合理的期限内通知作者，作者可以通过回购、复制等方式保护其著作权，当事人另有约定的除外。按照修改草案的规定，前文提到的蔡迪安等与湖北晴川饭店有限公司等著作权侵权纠纷一案，案件处理结果会明显不同。

模型二：法律授权的司法续造

《著作权法》修改草案中一些条文的规定对司法者提出了更高的要求，现在由立法行使的部分权力需要法官在个案中予以续造，法官需要转变角色认知。

① 详见修改草案第十四条、修改草案二稿第十五条、修订草案送审稿第十七条的规定。修改草案二稿中第十一条关于署名权的规定、第五十七条关于著作权专有许可合同或者转让合同登记的规定同样如此。

最明显的实例即是作品类型的认定权力的变化。现行《著作权法》第三条第一至八项具体规定了有名作品类型，第九项为兜底性规定；“法律、行政法规规定的其他作品”。《著作权法》修改草案、修改草案二稿均在第三条规定了十五种有名作品，按照第三条第一款第十六项规定，作品种类还包括“其他文学、艺术和科学作品”，第二款同时规定，“著作权自作品创作完成之日起自动产生，无须履行任何手续”。修法的逻辑是将判断是否为作品的权力不再明确由法律、行政法规进行规定，这样的改变是否意味着著作权客体法定主义的缓和，目前修改草案、修改草案第二稿的简要说明中均未提及，笔者认为，可行之策应是法官在个案中谨慎识别，予以认定。作为与科技发展息息相关的著作权法，立法的脚步可能永远也赶不上科技的进步，适时适度的授权司法判断作品不是权宜之计，而是缓解立法和技术内在张力的明智之选。立法的水印文字经由司法的智慧裁量而确定显现。修改草案的上述规定，有助于化解法院面临的作品类型司法造法的指责。

模型三：不确定概念的个案适用

权利、侵权是著作权领域的关键词。《著作权法》中“应当由著作权人享有的其他权利”“其他侵犯著作权以及与著作权有关的权益的行为”都属于不确定的法律概念。法官将不确定的法律概念具体化，并非为同类案件确定一个具体的标准，而是应 case by case，随各个具体案件，依照法律的精神、立法目的，针对社会的情形和需要予以具体化，以求实质的公平与妥当[①]。

① 杨仁寿：《法学方法论》，中国政法大学出版社 1999 年版，第 136 页。

在高丽娅与其所在的重庆市南岸区四公里小学之间关于教案稿件遗失发生的纠纷中[①]，2005 年 12 月，高丽娅提起的著作权之诉，重庆市第一中级人民法院认为，在知道或者应当知道教案本是记载高丽娅教案作品唯一载体的情况下，四公里小学作为所有权人对作品唯一载体的处分不仅会导致作品载体本身灭失，也会导致作品随之灭失，高丽娅享有的教案作品著作权将无法实现，从而侵犯了高丽娅享有的教案作品著作权[②]。

本案基本事实与前文的沈金钊诉上海远东出版社图书出版合同纠纷案存在相似之处，均为被告丢失原告作品载体，但关键细节存在差异，合同关系的存在与否在一定程度上影响了法院的裁判。本案中被告行为被法院认为是“其他侵犯著作权以及与著作权有关的权益的行为”，法官提出“对作品唯一载体的处分不仅会导致作品载体本身灭失，也会导致作品随之灭失”，该论述具有一定的说服力。

模型四：开放式规定的衡平艺术

《著作权法》第二十二条第一款规定了十二种合理使用的情形，法条为封闭式规定，超出明文列举的情形难以被认定为合理使用。该法条的封闭式规定增加了法官释法的难度。《著作权法》修改草案二稿第四十二条第一款在具体列举十二种合理使用情形之外，第十三项规定“其他情形”也可能构成合理使用，第二款规定，以前款规定的方式使用作品，不得影响作品的正常使用，也不得

① 从高丽娅 2002 年 5 月提起所有权之诉起至 2005 年 12 月四公里小学撤回上诉，围绕教案丢失共发生了六次诉讼，在前五次所有权之诉中，高丽娅全部败诉。参见杨野：《四年六打官司终获教案著作权》，载《重庆晨报》2005 年 12 月 14 日。

② 参见重庆市第一中级人民法院（2005）渝一中民初字第 603 号民事判决。

不合理地损害著作权人的合法利益。修改草案二稿中开放式规定与判断标准相结合，合理使用范围确定更需要法官进行充分的利益衡平，避免法官在有限的封闭性法条间左支右绌。

《著作权法》修改草案二稿关于合理使用的规定吸纳的是TRIPS协议中三步检验法的精髓，而是否会影响作品的正常使用的判断上，美国的灵活、务实的四要素分析法可供法官司法参考。在Perfect 10，Inc.v.Amazon.com，Inc.一案中，美国第九巡回区上诉法院认为，考虑到Google搜索引擎给公众带来的利益，该搜索引擎对缩略图使用的高度转换性超过了其取代原作品和商业性的程度。Google对缩略图的转换性使用程度明显高于其偶然的代替使用或者其搜索引擎轻微的商业性使用程度[①]。商业性使用并不必然否定使用目的的合理性，搜索引擎转换性使用对公众利益与其使用缩略图的取代性及商业性目的的权衡，法院判决中的利益衡平之术可资借鉴。

在此次《著作权法》修法进程中，学术界多致力于提供修法的理论支撑，而作为中国著作权法律制度发展的重要见证者、参与者，法院亦可以此次修法为契机，为修法提供实践智慧，增强立法的科学性、实效性，为提升知识产权司法公信力奠定坚实的法律基础。著作权之道，不仅是立法者、司法者之道，更是创作者、使用者、传播者之道。要从根本上改变著作权在中国的境遇，中国的立法者、司法者任重而道远。

至少就著作权民事司法而言，司法的不确定性是一个客观事实。现行的《著

① 案件判决参见宋海燕：《中国版权新问题——网络侵权责任、Google图书馆案、比赛转播案》，商务印书馆2011年版，第353-368页。

作权法》中不确定概念、开放式条款众多，本文只是提供了一个路标，至于能在这条路上走多远，还有赖法官的司法能力、现实的司法生态等变量发挥作用。

对著作权司法来说，法院判决已经终结，有关判决的的争论却刚刚开始，余音不绝。论者可以不断考究，旷日持久，反复论证，法官作出回应的判决就是为应对可能的质疑、批评而作的提前回应。这一点在某些疑难、复杂、新型著作权纠纷案件的判决中可以依稀看到影子。判决能厘定权界，却不能阻止公众对法治、法律、司法的评论，但只要一切是在法治的轨道上，以法之名，再有争议的判决也应被认可，必须承受的。张力永存，这就像人们总是在不完美的世界中追求完美一样，或许这也是法治的一种魅力所在吧。

正如著名版权专家尼莫教授所说，未来必然会比我们现在所想象的陌生得多，似乎清晰的是实践者和学者受过训练的以前称作“版权”的学科将来要面临更多问题，这些问题将在复杂性方面呈几何学的增长。尽管旧式的版权可能尚未终结，新的动力已经开始[①]。

① See David Nimmer，The end of copyright，VANDERBILT LAW REVIEW，48 Vand. L. Rev. 1385 .1995.

参考文献

一、中文类

（一）专著

[1] 陈林林:《裁判的进路与方法——司法论证理论导论》,中国政法大学出版社 2007 年版。

[2] 程永顺:《著作权纠纷案件法官点评》,知识产权出版社 2004 年版。

[3] 崔国斌:《著作权法:原理与案例》,北京大学出版社 2014 年版。

[4] 何怀文:《中国著作权法:裁判综述与规范解释》,北京大学出版社 2016 年版。

[5] 胡康生:《 中华人民共和国著作权法释义》,法律出版社 2002 年版。

[6] 李琛：《论知识产权法的体系化》，北京大学出版社 2005 年版。

[7] 李琛：《著作权基本理论批判》，知识产权出版社 2013 年版。

[8] 李明德：《美国知识产权法》（第二版），法律出版社 2014 年版。

[9] 李扬：《知识产权法基本原理（II）——著作权法》（修订版），中国社会科学出版社 2013 年版。

[10] 李雨峰：《著作权的宪法之维》，法律出版社 2012 年版。

[11] 李雨峰：《中国著作权法：原理与材料》，华中科技大学出版社 2014 年版。

[12] 梁慧星：《民法解释学》，中国政法大学出版社 1995 年版。

[13] 梁慧星：《裁判的方法》（第 2 版），法律出版社 2012 年版。

[14] 刘星：《司法的逻辑：实践中的方法与公正》，中国法制出版社 2015 年版。

[15] 江平、沈仁干等 ：《中华人民共和国著作权法讲析》，中国国际广播出版社 1991 年版。

[16] 孔祥俊：《司法哲学与裁判方法》，人民法院出版社 2010 年版。

[17] 孔祥俊：《知识产权保护的新思维——知识产权司法前沿问题》，中国法制出版社 2013 年版。

[18] 宋海燕：《中国版权新问题——网络侵权责任、Google 图书馆案、比赛转播案》，商务印书馆 2011 年版。

[19] 陶凯元主编：《最高人民法院知识产权司法解释理解与适用：最新增订

版》，中国法制出版社 2016 年版。

[20] 王迁：《著作权法》，中国人民大出版社 2015 年版。

[21] 吴汉东：《著作权合理使用研究》(第 3 版)，中国人民大学出版社 2013 年版。

[22] 吴汉东：《知识产权多维度学理解读》，中国人民大学出版社 2015 年版。

[23] 吴伟光：《数字技术环境下的版权法危机与对策》，知识产权出版社 2008 年版。

[24] 奚晓明、孔祥俊：《法官评述 100 个影响中国的知识产权经典案例》，知识产权出版社 2010 年版。

[25] 奚晓明：《中国知识产权指导案例评注》(第三辑)，中国法制出版社 2012 年版。

[26] 杨柏勇、杨才然：《互联网著作权纠纷案》，中国法制出版社 2005 年版。

[27] 杨仁寿：《法学方法论》，中国政法大学出版社 1999 年版。

[28] 姚红：《 中华人民共和国著作权法释解》，群众出版社 2001 年版。

[29] 郑成思：《版权法》，中国人民大学出版社 2009 年版。

[30] 中国知识产权司法保护年鉴编辑委员会：《中国知识产权司法保护年鉴》(2014 年)，法律出版社 2015 年版。

[31] 朱理：《著作权的边界——信息社会著作权的限制与例外研究》，北京大学出版社 2011 年版。

[32] 最高人民法院著作权法培训班 ：《著作权法讲座》，法律出版社 1991

年版。

[33] 最高人民法院中国应用法学研究所:《人民法院案例选》2016 年第 2 辑，人民法院出版社 2016 年版。

（二）论文

[34] 曹新明:《我国知识产权判例的规范性探讨》，载《知识产权》2016 年第 1 期。

[35] 陈慧珍:《未经许可创作的演绎作品仍受著作权法保护》，载《人民司法·案例》2009 年第 12 期。

[36] 陈锦川:《著作权保护与社会、技术的发展》，载《中国审判》2014 年第 5 期，第 16 页。

[37] 丛立先:《违禁作品著作权问题辨析—兼评我国《著作权法》第 4 条的修改》，载《法学》2011 年第 2 期。

[38] 崔国斌:《知识产权法官造法批判》，载《中国法学》2006 年第 1 期。

[39] 崔国斌:《认真对待游戏著作权》，载《知识产权》2016 年第 2 期。

[40] 崔国斌:《得形忘意的服务器标准》，载《知识产权》2016 年第 8 期，第 19 页。

[41] 丁文严:《药品说明书著作权问题的成因及解决路径》，载《法律适用》2102 年第 6 期。

[42] 冯象:《功亏一篑——评郑成思英文近著〈中国知识产权的实施：主要案例与评论〉》，彭冰译，载《北大法律评论》第 1 卷第 1 辑。

[43] 侯猛：《不确定状况下的法官决策——从“3Q”案切入》，载《法学》2015 年第 12 期

[44] 黄汇：《非法演绎作品保护模式论考》，载《法学论坛》2008 年第 1 期。

[45] 蒋志培：《不要老让法律吃药——关于完善网络传播权的几点思考》，载《传媒》2010 年第 8 期。

[46] 焦和平：《“异体复制”的定性与复制权规定的完善——以我国〈著作权法〉第三次修改为契机》，载《法律科学》2014 年第 4 期。

[47] 金海军：《论书信上的物权、著作权与隐私权及其相互关系——从“钱钟书书信拍卖案”谈起》，载《法学》2013 年第 10 期。

[48] 李琛：《论知识产权冲突的直接司法救济》，载吕国强等编：《知识产权办案参考》（第 2 辑），中国方正出版社 2001 年版。

[49] 李扬：《知识产权法定主义的缺陷及其克服——以侵权构成的限定性与非限定性为中心》，载《环球法律评论》2009 年第 2 期。

[50] 李杨：《论发表权的“行使”——以发表权的权能构造为切入点》，载《法律科学》2015 年第 6 期。

[51] 李颖、宋鱼水：《论网络存储空间服务商合理注意义务——以韩寒诉百度文库案判决为切入点》，载《知识产权》2012 年第 6 期。

[52] 梁慧星：《电视节目预告表的法律保护与利益衡量》，载《法学研究》1995 年第 2 期。

[53] 梁志文：《论知识产权规范竞合及其解决路径》，载《法商研究》2006

年第 2 期。

[54] 梁志文：《法院发展知识产权法：判例、法律方法和正当性》，载《法学》2011 年第 3 期。

[55] 梁志文：《著作人格权保护的比较分析与中国经验》，载《法治研究》2013 年第 3 期。

[56] 刘春田：《关于我国著作权立法的若干思考》，载《中国法学》1989 年第 4 期。

[57] 卢海君：《〈人在囧途〉诉〈人再囧途之泰囧〉案——基于著作权法的分析》，载《中国出版》2013 年 4 月（上）。

[58] 孟勤国：《也论电视节目预告表的法律保护与利益平衡》，载《法学研究》1996 年第 2 期。

[59] 沈杨：《规则之治憧憬的破灭与再生：论知识产权审判的造法困惑及其消解》，载《法律适用》2007 年第 1 期。

[60] 苏志甫：《参照他人摄影作品绘制油画属于改编作品》，载《人民司法》2013 年第 12 期。

[61] 苏志甫：《从著作权法适用的角度谈对网络实时转播行为的规制》，载《知识产权》2016 年第 8 期。

[62] 孙海波：《告别司法三段论？——对法律推理中形式逻辑的批判与拯救》，载《法制与社会发展》2013 年第 4 期。

[63] 温旭：《法律的车轮车轮总比科技的车轮慢半拍——简评王蒙等六作家

诉北京某网站著作权侵权案》，载《科技与法律》2000 年第 1 期。

[64] 王丽娜 ：《对游戏动态画面的录制能否形成录像制品的法律分析——兼评爱拍诉酷 6 案》，载《电子知识产权》2016 年第 2 期。

[65] 王迁：《“索尼案”二十年祭——回顾、反思与启示》，载《科技与法律》2004 年第 4 期。

[66] 王迁：《著作权法借鉴国际条约与国外立法：问题与对策》，载《中国法学》2011 年第 3 期，第 28-38 页。

[67] 王迁：《论软件作品修改权——兼评“彩虹显案”等近期案例》，载《法学家》2013 年第 1 期。

[68] 王迁：《论《著作权法》中“时事新闻”的含义》，载《中国版权》2014 年第 1 期。

[69] 王迁：《电子游戏直播的著作权问题研究》，载《知识产权》2016 年第 2 期。

[70] 吴汉东：《“著作权”、“版权”用语探疑》，载《现代法学》1989 年第 6 期。

[71] 吴汉东：《形象的商品化与商品化的形象权》，载《法学》2004 年第 5 期。

[72] 夏佳明：《电子游戏直播中知识产权保护研究》，载《知识产权》2016 年第 2 期。

[73] 向光富：《论我国新闻作品著作权法调整的认识误区与改进》，载《河南财经政法大学学报》2016 年第 2 期。

[74] 熊琦：《著作权的法经济分析范式——兼评知识产权利益平衡理论》，载《法制与社会发展》2011 年第 4 期。

[75] 熊琦：《网络版权保护十年：产业与制度的相生相克》，载《电子知识产权》2016 年第 10 期。

[76] 熊文聪：《知识产权权利冲突：命题的反思与检讨》，载《法制与社会发展》2013 年第 3 期。

[77] 徐飞：《被误读的"避风港"：检视信息存储空间"避风港"规则的司法适用——兼论版权司法保护功利主义的式微》，载贺荣主编：《探索社会主义司法规律与完善民商事法律制度研究》，人民法院出版社 2011 年版。

[78] 徐迅：《艰难三载诉讼—全国首例电视节目预告表使用权判决产生记》，载《当代司法》1995 年第 2 期。

[79] 薛虹：《因特网上的版权及有关权保护》，载《知识产权文丛》（第一卷）。

[80] 于晓白：《陈列在室外公共场所艺术品的合理使用》，载《人民司法》2005 年第 5 期。

[81] 岳彩领、潘登：《从"无法可司"到"合法性修辞"——论创制型案例裁判的经验与方法》，载《法学》2015 年第 11 期。

[82] 张丹丹：《影视节目名称的法律保护路径探析》，载《当代法学》2015 年第 1 期。

[83] 张利春：《现代法律思维时间面向的转换》，载《法制与社会发展》2008 年第 2 期。

[84] 张平：《中美数据库著作权保护的司法比较》，载《知识产权》1998 年第 5 期。

[85] 郑成思：《作品、著作权与版权》，载《工业产权》1989 年第 3 期。

[86] 郑胜利：《论知识产权法定主义》，载《北大知识产权评论》第 2 卷，法律出版社 2004 年版。

[87] 郑晓红：《明晰基本事实 厘清法律关系——〈人囧〉与〈泰囧〉侵权纠纷学术研讨会综述》，载《中国版权》2013 年第 3 期。

二、外文类

（一）译著

[88] [德]考夫曼、哈斯默尔：《当代法哲学和法律理论导论》，郑永流译，法律出版社 2001 年版。

[89] [德]雷炳德：《著作权法》，张恩民译，法律出版社 2005 年版。

[90] [德]罗伯特·阿列克西：《法律论证理论——作为法律证立理论的理性论辩理论》，舒国滢译，中国法制出版社 2002 年版。

[91] [日]大木雅夫：《比较法》，范愉译，法律出版社 1999 年版。

[92] [日]田村善之：《田村善之论知识产权》，李扬译，中国人民大学出版社 2013 年版。

[93] [美]安守廉：《窃书为雅罪——中华文化中的知识产权法》，李琛译，法律出版社 2010 年版。

[94] [美]保罗·戈尔斯坦：《版权法：国际版权原则、法律与惯例》，王文娟译，中国政法大学出版社 2006 年版。

[95] [美]保罗·戈斯汀：《著作权之道：从古登堡到数字点播机》，金海军译，北京大学出版社 2008 年版。

[96] [美]戴维·克雷因等：《司法决策的心理学》，陈林林、张晓笑译，法律出版社 2016 年版。

[97] [美]李·爱泼斯坦、威廉·M 兰德斯、理查德·A·波斯纳：《法官如何行为：理性选择的理论和经验研究》，黄韬译，法律出版社 2016 年版。

[98] [美]罗纳德·v·贝蒂格：《版权文化——知识产权的政治经济学》，沈国麟、韩绍伟译，清华大学出版社 2009 年版。

[99] [美]米尔伊安·R.达玛什卡：《司法和国家权力的多种面孔：比较视野中的法律程序》（修订版），郑戈译，中国政法大学出版社 2015 年版。

[100] [美]理查德·波斯纳：《论剽窃》，北京大学出版社 2011 年版。

[101] [美]理查德·波斯纳：《波斯纳法官司法反思录》，苏力译，北京大学出版社 2014 年版。

[102] [美]理查德·波斯纳：《各行其是：法学与司法》，苏力、邱遥堃译，中国政法大学出版社 2017 年版。

[103] [美]欧文·M·柯匹、卡尔·科恩：《逻辑学导论》（第 13 版），张建军等译，中国人民大学出版社 2014 年版。

[104] [美]史蒂芬·平克：《思想本质：语言是洞察人类天性之窗》，张旭红、

梅德明译，浙江人民出版社 2015 年版。

[105] [美]约翰·冈茨、杰克·罗切斯特：《数字时代，盗版无罪？》，周晓琪译，法律出版社 2008 年版。

[106] [英]埃斯特尔·德克雷主编：《欧盟版权法之未来》，徐红菊译，知识产权出版社 2016 年版。

[107] 世界知识产权组织：《著作权与邻接权法律术语汇编》，刘波林译，北京大学出版社 2007 年版。

（二）论文

[108] Charles W.Adams，Indirect Infringement from a Tort Law Perspective，42 U.RICH.L.REv.（2008）.

[109] Douglas Lichtman & William Landes，Indirect Liability for Copyright Infringement：An Economic Perspective，16 HARv.J.L.& TECH.（2003）.

[110] Jane C.Ginsburg & Sam Ricketson，Inducers and Authorisers：A Comparison of the US Supreme Court's Grokster Decision and the Australian Federal Court's KaZaA Ruling，11 MEDIA & ARTS L.REV.（2006）.

[111] Jim Chen，Webs of Life：Biodiversity Conservation as a Species of Information Policy，89 Iowa L.Rev.（2004）.

[112] Jonathan Band & Andrew J.McLaughlin，The Marshall Papers：A Peek Behind the Scenes at the Making of Sony v.Universal，17 COLUM.-VLA J.L.& ARTS.（1993）.

[113] Lemley & Reese，Reducing Digital Copyright Infringement Without Restricting Innovation，56 Stan.L.Rev.（2004）.

[114] Lital Helman，Pull Too Hard and the Rope May Break：On the Secondary Liability of Technology Providers for Copyright Infringement，19 Tex.Intell.Prop.L.J.（2010）.

[115] Luck’s Music Library Inc.v.Ashcroft，Civ.Action No.01-2220，2004 WL（D.D.C.June 10，2004）.

[116] Mark A. Lemley，Property，Intellectual Property，and Free Riding，83 Tex.L.Rev .（2005）.

[117] Neil W.Netanel，Locating Copyright within the First Amendment Skein，54 STAN.L.REV.（2001）.

[118] Pamela Samuelson，The Generativity of Sony v.Universal：The Intellectual Property Legacy of Justice Stevens，74 FORDHAM L.REv.（2006）

[119] Patrick S.Ryan，Application of the Public-Trust Doctrine and Principles of Natural Resource Management to Electromagnetic Spectrum，10 Mich.Telecomm.& Tech.L.Rev.（2004）.

[120] Peter S.Menell，Indirect Copyright Liability：A Re-examination of Sony's Staple Article of Commerce Doctrine 1，U.C.Berkeley Pub.Law & Legal Research Working Paper Series，Paper No.682051，2005.

[121] Peter S.Menell and David Nimmer，Judicial Resistance to Copyright

Law's Inalienable Right to Terminate Transfers，COLUMBIA JOURNAL OF LAW & THE ARTS，Vol[33：2].

[122] Ruth L.Okediji，Through The Years：The Supreme Court and The Copyright Clause，30 Wm.Mitchell L.Rev.（2004）.

[123] Sverker K.Hgberg，The Search for Intent-Based Doctrines of Secondary Liability in Copyright Law，106 COLUM.L.REv.（2006）.

[124] Tim Wu，The Copyright Paradox，2005 SUP.CT.REv.（2006）

[125] W.L.Hayhurst，The Canadian Supreme Court on copyright：CCH Canadian Ltd.V.Law Society of Upper Canadian，Canadian Business Law Journal 2004.

[126] Yuval Feldman & Alon Harel，Social Norms，Self-Interest and Ambiguity of Legal Norms：An Experimental Analysis of the Rule vs.Standard Dilemma，4 REv.L.& EcON（2008）.